为山海立传，集异事成经。

山海無界
白泽
奈目工作室 著绘
北京联合出版公司
Beijing United Publishing Co.,Ltd.

目 录

《山海经》曰：东望山有兽，名曰白泽，能言语，王者有德，明照幽远则至。

——《御定渊鉴类函·兽部四》

白泽

宴临

海内昆仑，方八百里，高万仞，接天连地，众神之所在，天宫环立，焕若星辰。

九万年前，神界与妖族一战后，妖帝与其幼女青染殒命于荒泽，战神白泽被封帝君，此后他从六界消失，行踪也就更为隐秘。

说起帝君白泽，最令人津津乐道的不是他的战绩，而是一桩风月案。

白泽生性无情无欲，却被妖界帝姬青染穷追不舍，在六界盛宴上直接闹到了天帝眼前，彼时两界关系紧张，两人不得已定亲。

可是妖魔勾结肆虐，为天界所不容，白泽奉命斩妖帝于荒泽，帝姬青染也变成了六界的笑柄，最后在诸天阵法中与数万妖界生灵葬于荒泽。

白泽

东望山有兽，
名曰白泽，
能言语，王者有德，
明照幽远则至。

贺鹏飞　《幻山海——白泽》

只是近来白泽帝君不知从哪里得了一幅卷轴，回神界时神魂俱损，眉间还隐约现出血红印记。

众神本以为带回的是什么上古神器，却没想到画卷里是位不染铅华的青衣美人。

三万年也不过弹指一挥间，这画不知是否终日与白泽帝君做伴，在神界吸收了日月光华，又时时得帝君神眷照拂，终于修得精魂化形成妖，白泽竟不知这寒渡殿除了自己还有一位画中妖。

这夜，九重天寂寂无声，天河有几盏夜明灯浮沉不定，有一盏从云海边流落到寒渡殿。

画中青衣乌发的美人走了出来，抬手接住了这长夜里的神灯，就好像是接住了一朵开在掌间的花。

青衣女妖走近案前，手指拂过案几上摆放的七弦琴，琴弦拨动了三两下，缥缈灵动的琴音传出。

她日日聆听白泽抚琴，竟开始模仿他，断断续续地拨弦，尽管第一次弹，却好似一点就通。

“是……你……”

画妖本来很投入，惊闻身后这低沉好听的声音，心胆俱裂转过身，却差点没把自己给绊倒。

她倒是没什么事，不过案几上的琴却掉落在地上，发出嗡嗡的声响。

白泽站在她身后，一双眸子里集聚着细碎浮光，流离在眼角眉梢，轻轻散落在她周身。

这画妖本来站在角落里，见白泽似要走近，她慌不择路地直接遁进画里。

白泽看着画卷上的青衣女妖，疏朗长眉微蹙。画里的妖精抱着琴侧转过身，生怕与他对视。他竟不知这画还能随意改换形态。

“出来！”

白泽神情冷到了极致，殿内只有他的言语，字字如冷玉坠地。

画妖有点可怜地转过来说：“帝君，小妖不是故意跑出来的，您就饶了我吧！”

白泽只深深地看了她一眼，她竟是……什么都不记得了，他轻轻合上眼，掩下一丝红芒。

再睁开眼，瞧见她这副惊恐姿态，白泽不禁也觉得刚刚过于严厉，这才缓和了脸色，却没起到什么效果，他惯

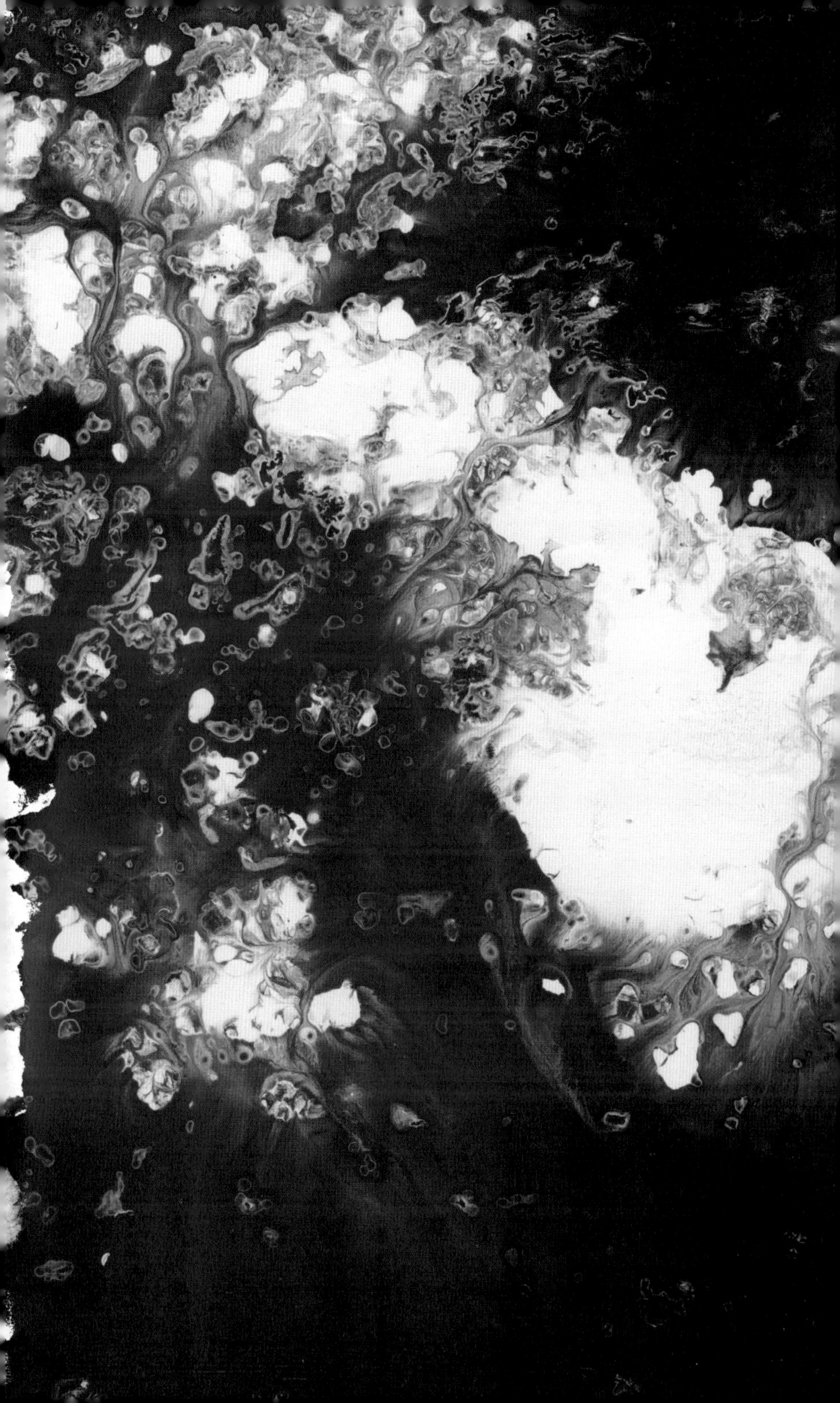

常冷若冰霜的气质就像是昆仑山终年不化的皑雪。

“你可有名字？”

画妖摇头，她也只是一只懵懂的小妖，还没取名字呢。

“……青……染。”许久，白泽低低念了一遍，青衣素净，纸墨晕染，“这是你的名字。”

以上古神卷塑形，以一缕精魂作引，画中美人一笔一笔按照记忆中描摹，由此心魔顿生。

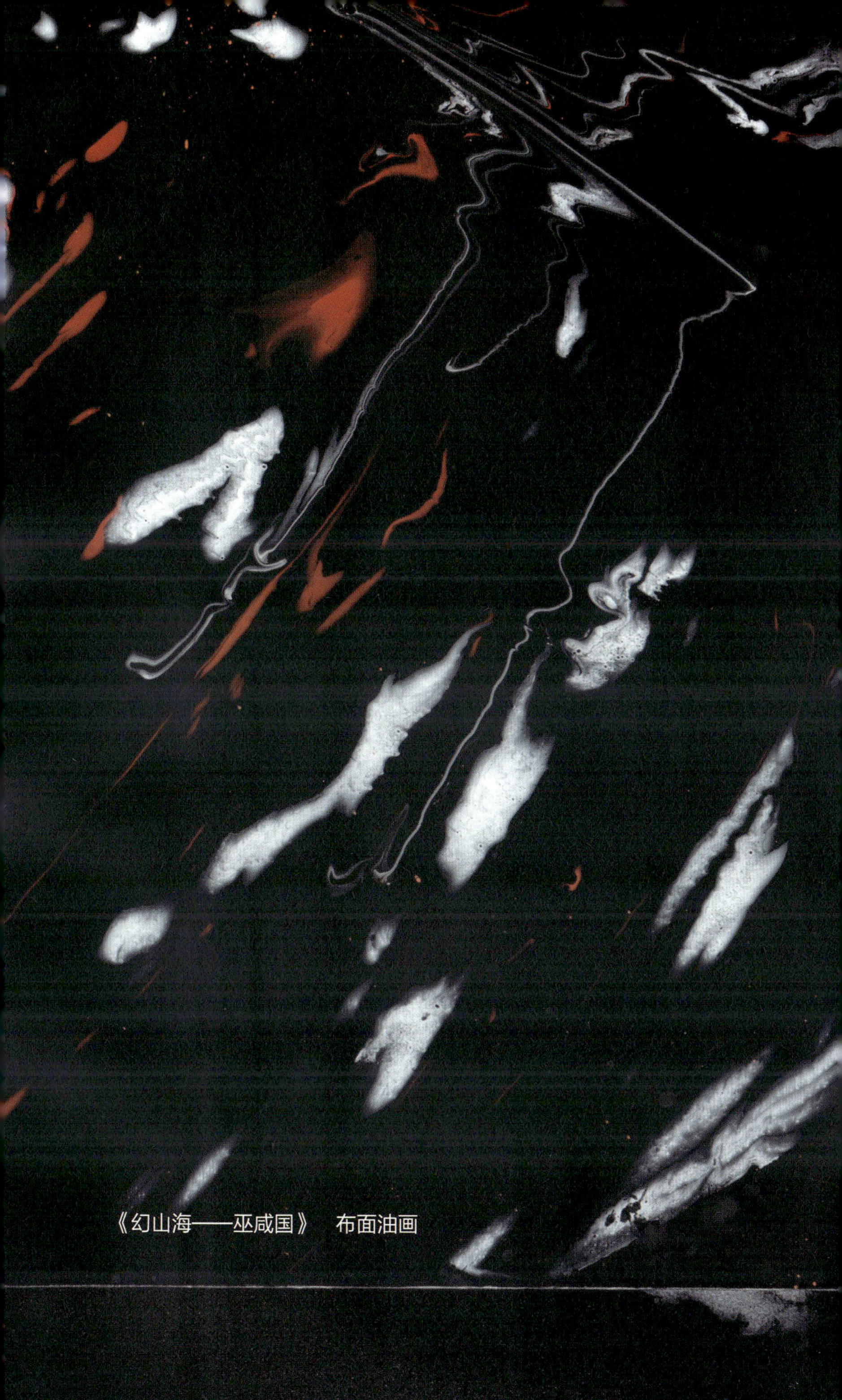

《幻山海——巫咸国》 布面油画

应龙畜水。蚩尤请风伯雨师，纵大风雨。(王逸注曰:飞廉，风伯也。)

——《山海经·大荒北经》

雨师

宴临

雨师与飞廉初识，也只是荒野间的惊鸿一瞥。

风灵和雨声相会，交织成一曲最曼妙的音符，在绿野从林间，飞廉衣袂翩翩，风掀起他的长发，这便是他们的相遇瞬间。

九州炙旱，水族为兴雨在莽山设下雨祭，雨师奉命作为祭司召雨，却在莽山遭到了烛阴伏击。烛阴法术诡邪，她根本不是烛阴的对手，更何况水神玄冥还在水泱宫闭关。

烈焰燃烧，烛阴化作蛟龙，喷出的赤焰灼烧着雨师的每一寸肌肤，他盯着她，目露阴戾贪婪，毫不掩饰他的觊觎：

“雨师，你知道，我不忍伤你，若是你降服于我，我可与你共享水族至尊之位！”

雨师容色姣美，清冷如寒月，集天地水灵而生，是三界最负盛名的美人，若不是与玄冥有婚约，不知会引发多

烛阴

钟山之神，名曰烛阴……其为物，人面，蛇身，赤色，居钟山下。

贺鹏飞　《幻山海——惊鸿一瞥》

少争端。

在烛阴眼中，即便雨师是命定的水神之后，他也会将她从玄冥手中抢过来。

——烛阴奸邪狡诈，与火族勾结修习火灵，雨师怎么会听信他的诱惑？只是冷冷召唤水灵抵御。

水灵与火灵相克，她不得不在河川之间逃窜。

飞廉来时，她被围困在钟山，法力枯竭，被烛阴擒住，只能召唤最后一点水灵之力来传讯求助。

飞廉施展灵力将她带了出来，却也被烛阴重伤。为逃脱烛龙的疯狂追捕，两人潜入江海，在深海漫游了半月有余，一路向南躲进了风族领地。

跟飞廉一起在星野养伤的那段时间，是他们最欢乐的时光，踏遍山川河流，阅尽人间烟火，只是眼神的交汇，就知道对方的心意。

一场雨捎来了不好的消息，玄冥渡劫化神，他与雨师的婚期将至，水族族长要派人将她带回去。

玄冥生性狷狂邪戾，从未将万物放在眼里，却独独在雨祭中，对翩跹起舞的雨师倾心。族长亲自为他们定下的婚约，雨师从前并未放在心上，而这次就算是不情愿，她也没有办法。

水族世代供奉水神，就连灵力也只是神对他们的馈赠，水伯不仅是雨师的父亲，更是一族之长，她不能眼睁睁地看着父亲与族人承受上神的暴怒。

玄冥亲自召见，雨师和飞廉的私情暴露，暴怒之下，他的威压就连族人都战战兢兢。

玄冥眼神睥睨：“你可与我一战？”

飞廉只对雨师安抚一笑，似乎并不忌惮：“等我。”

可是谁都知道，飞廉不会是玄冥的对手。

天际风起云涌，由远及近的神力交织碰撞。

雨师似有所感，挣脱族人的束缚，只见飞廉浑身浴血，而玄冥嘶吼着穿过云层深海，蛟龙化作人形，裹挟着令天地震撼的神力。

他只是抬手轻轻一挥，飞廉便化作点点荧光消散在天地间，连一丝气息也没了。

“跟我回去。”

玄冥阴冷的气息充斥着溟水之畔，风云为之变幻，海川为之战栗。

雨师神色悲恸，指尖碰到的是一片虚无。她缓缓摇头，深深地看了玄冥一眼，那双眼冰冷而空洞，只落下一滴泪。

风雨将至，她长啸一声，水灵消散，纷纷细雨汇入山

川河流，只落了一点水滴在玄冥手中，他眼神有一瞬的迷惘："为何……"

天地间只有一丝风灵的气息，若是化作一场雨，不知可否等到与风的再一次相遇？

雨师想起那一夜，飞廉与她踏上一叶扁舟，枕着星河与梦，温柔的眉眼在星海的映照下更加璀璨：

"雨师，你可愿与我一起遨游天地，共度一生？"

雨师笑起来，若是与他一起，不论是走遍山海人间，还是化作一场风雨，她都是愿意的。

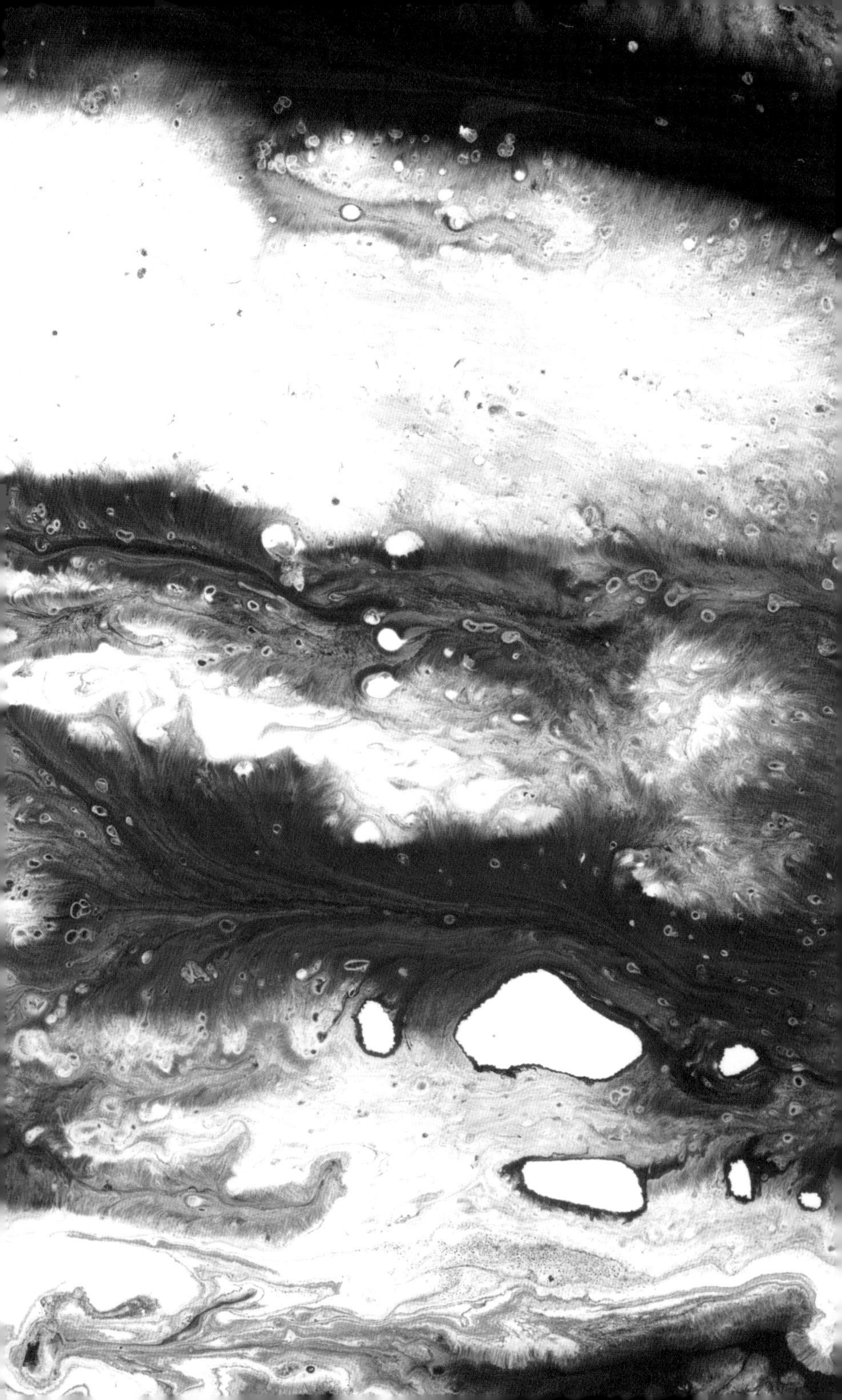

大荒之中，有山名曰北极天柜，海水北注焉。有神，九首人面鸟身，名曰九凤。

——《山海经·大荒北经》

九凤

宴临

九凤就是见不得重明那副清冷高傲的模样。他们一同拜入仙门，重明只不过先一步登上灵山，自己就得喊他一声“师兄”。

本来九凤还没有那么不甘——若不是重明在他对付妖兽时，独自脱身离开，他怎么也不至于记恨上这家伙。

九凤眼见重明从他面前目不斜视地走开，只冷哼一声，等会儿仙门大比，有的是机会让他好看。

小师妹站在他旁边，眼神痴痴地盯着重明的背影，九凤见此，神情更冷了几分：不就是长得有几分姿色吗？

“听说七师兄大败连云宗弟子，现在各派都在传重明师兄是天纵奇才呢！”

九凤啧啧两声，故作怨念：“难道你眼中只有七师兄，就没有我了吗？”

贾书宝 《大荒奇境》

小师妹嗔了他一句："师兄就别拿漓儿取笑了。"

九凤见她满脸飞红，又怎会不明白她的心意，心中更是愤愤。

本来以他的资质，怎么也说得上少年天才，只不过这重明处处压他一头，害得他不仅没了桃花，还天天被父兄耳提面命。

就会装模作样！也就只能骗得这些小姑娘春心萌动了。

就算是自不量力，九凤还是执鞭要挑战重明。

他又不负众望地……败在了重明手下。

那人玄衣墨发，眉眼冷清秀致，将他手中的长鞭夺走，剑芒直指他眉心："你——还不是我对手。"

九凤咬牙切齿，不由得心中已经是愤恨至极。

人界妖魔肆虐，他与师兄弟一起下山斩妖除魔，只是那只食人魔约莫是听到了风声，他们遍寻不到踪迹。

二师兄向来道："听闻这只魔兽专门捕食妙龄少女，不如我们以此为诱饵，将它引出来？"

众人都觉得这主意不错，只是哪里寻得美貌少女，若是害了人家姑娘……

九凤见状只略一思忖，忽地笑起来，神情越发嘚瑟，不禁打起了歪主意——等重明被推出来的时候，眉目依旧

九凤

大荒之中，
有山名曰北极天柜，
海水北注焉。
有神，
九首人面鸟身，
名曰九凤。

申振夏　《异想“山海”No.1》

清冷，只不过那一袭红裙，令九凤心神微乱，眼睛都直了。

他只冷冷一眼，九凤就不由得面颊发烫，只是转过神来，心下生出几分鄙薄。

哼，看他作甚，长得跟姑娘家一样，不——比姑娘家还要好看，还怕穿女装？

不过自从那一夜过后，他每每看见重明，便觉得不自在，那些捉弄和调笑也收敛了许多。

一切转变都在那一次九幽秘境。

初入秘境，九凤就跟师门走散了，他修为尚浅，开始也不以为意，不承想遇到了一只夺舍的魔物，差点被抽去神魂。

重明御风而来，宛若天神，只一剑便将他从魔物手中解脱，只是他们到底不敌，一路历经生死，为躲避魔物最后躲进幽冥境。

误入幻境，九凤只是恍神间，他背着的人就变成了红裙少女，眉眼如画，笑颜潋滟，灼伤了他的眼。

等到九凤挣脱幻境时，一眼看见重明，见他目露疑色，不觉面红耳赤。

重明的声音清冷中透着点嘶哑："心性不定，修为浅薄，才会被幻境迷惑。"

若是从前他还会狡辩，可如今，九凤莫名心虚，只是默默跟在重明身后，心想着自己是真的疯魔了不成?

为此他真的是羞恼不已，他可是有婚约在身，怎么能移情别恋，况且这重明还是他未来的小舅子。

还真是羞于启齿。

出了秘境后，九凤更是不敢见重明，只不过躲了没一段时日，就听闻重明不日就要回九夜天。他心中更是愁苦难言，喝得烂醉，还是忍不住偷偷地跑到凤羽山寻他。

他知道重明夜夜在此清修，只是今夜竟没有看到人。

绕到一汪深泉处，只见月色下重明背对着他，肌肤似雪，长发如墨，他还没偷看两眼，就被逮住了——

“谁？”

九凤缓缓走近，只见重明转瞬披上衣衫，裹得密不透风，他不由得出言调笑:“怎么，还不许人看不成，又不是没看过。”

重明起身，见他言语无状，神色更是冷了下来。

“说起来，我有一次还见过这湖中美女呢，只是你一来，我就再也没见过。”

重明闻言，神色更深了几分，颇有几分复杂难辨，只轻轻道:“蠢货。”

九凤没听仔细，不然非得跟他闹起来。

寻得重明，他本想借着酒意表明心迹，却又讷讷不知所言，最后只装作发了酒疯一把抱住重明，接着便被嫌弃地丢下了山。

还不过两日，九夜天就派来了天族亲信。

九凤急匆匆地差点没赶上见他最后一面。

他未及倾诉衷肠，重明临别时忽地提起一事：“对了，还未告诉你，我就要成亲了。”

九凤心底又惊又惶，不知是何滋味，转而神情更加忧郁：“怎么连你也要成亲？”

他跟重明阿姊的婚约不假，只是没听说小舅子重明也定了亲啊？

重明见他情状，难得莞尔：“婚期就在二十四星转后，若你有意，到时就来观礼吧。”

九凤心中更是愁闷，转念又想起，难不成他们两人还在同一天成亲？

语落，重明身形变幻，化作青鸾，展翅飞舞，绕着九凤飞了几圈。

九凤定眼一瞧，只见青羽片片坠落，他神色微惊，重明与青鸾乃是天后的一双儿女，明明他是——

青鸾见九凤面似惶惑，轻笑一声，身影陡然在云海间飘忽无踪，风只带来了她轻轻的两个字：“蠢货。”

贾书宝　《巫觋的府邸》

北海之内，有山名曰幽都之山，黑水出焉。其上有玄鸟、玄蛇、玄豹、玄虎、玄狐蓬尾。

——《山海经·海内经》

宴临

玄鸟早就听说人间繁华，只是第一次偷溜出来，就惨遭拐骗。

彼时她懵懵懂懂，被画舫上的翩翩公子所邀，只觉得与相柳[1]一见如故，与他泛舟湖上，把酒言欢，简直恨不得引以为知己。

没料到喝醉后她一时失态，不禁现出了原形，相柳本就是想试探，识破她身份，当即就要对她下手，直取她体内的赤炎珠。

玄鸟见得相柳被她周身的炎火灼伤，就算是再蠢也瞬间明白了他的意图，惊怒之下，引颈长鸣一声，发狂般地与他缠斗，最后逃回了羽族领地。

1　相柳：共工之臣曰相柳氏，九首，以食于九山。相柳之所抵，厥为泽溪。……相柳者，九首人面，蛇身而青。——《山海经·海外北经》

贺鹏飞 《幻山海——幽都山》

至此，水族与火族争斗不休，她更视相柳为仇敌，每每与他碰面，总是免不了一场恶战。

两族醴水一战，她与相柳两败俱伤，落入了幽冥界，玄鸟不仅没了灵力，还很悲催地失忆了。

她只知道，等她一睁眼，就瞧见相柳对她轻柔一笑。他一袭青衫，容颜俊雅更兼柔情，玄鸟只觉得心动神驰。

她眼神痴迷，呆呆地问他："你是谁？"

相柳很是温柔，摸了摸她的脑袋："我是你夫君。"

玄鸟瞪圆了眼，表情从震惊到狂喜，迫不及待地接受了这个"现实"。

他俩一身灵力受到禁制，没过多久就暴露了真身，被魔族追杀。

往生河畔，魔族将他们逼到了绝境，幽冥魔使亲临，笑得肆意张狂："若你们归降于我魔界，我还能饶你们一命；如若不然，这往生河就是你们的葬身之所！"

生死不过一念，相柳与她许下了来世之约。

往生河水魔气环绕，玄鸟本以为他们必死无疑，没想到沉入河底后，误入灵阵，他们被送出了幽冥界。

两人九死一生，终于逃离了魔族，玄鸟恢复灵力后，也想起了前因后果，一时间又惊又怒，相柳这个骗子竟敢占她便宜！

只是她与相柳又痴缠数年，玄鸟被相柳的皮相以及柔情迷惑，最后还是傻傻答应与他私奔。

水火两族素来交恶，连年征战不断，她贵为九天玄女，只愿与他归隐尘世，却没料到与他相约之日，就是她丧命之时。

玄鸟满心欢喜地逃出来，却在人界遭到了水族的伏击，他们布下天罗地网，只为取她体内的赤炎珠。

玄鸟怎么也不敢相信，眼前的对手是与她许下来世之约的相柳。

他神情冷漠，眼前之人在他看来宛若尘埃，出手更是毫不留情。

水族蠃鱼[2]和钩蛇合力将她困在郢湖，她并不擅水，一身灵力耗尽。相柳将她体内的赤炎珠生生以水灵逼出。

“为什么？”

相柳看着她的眼神没有一丝柔情，只是取出赤炎珠，轻轻地扫了她一眼：“将她带回去。”

玄鸟即使是重伤在身，仍旧声声泣血：“难道那些柔情

---

2 蠃（luǒ）鱼：鱼身而鸟翼，音如鸳鸯，见则其邑大水。——《山海经·西山经》

玄鸟

北海之内，
有山，
名曰幽都之山，
黑水出焉。
其上有玄鸟、
玄蛇、
玄豹、
玄虎、
玄狐蓬尾。

贺鹏飞　《幻山海——凤皇》

相柳

共工之臣曰相柳氏，
九首，
以食于九山。
相柳之所抵，
厥为泽溪。
相柳者，
九首人面，
蛇身而青。

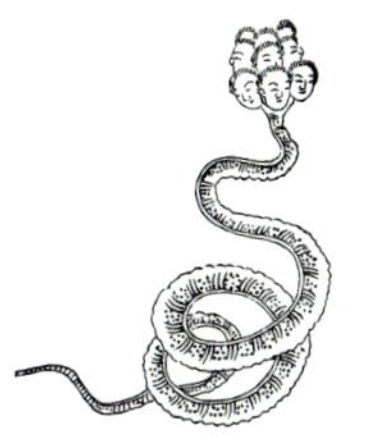

蠃鱼

鱼身而鸟翼，

音如鸳鸯，

见则其邑大水。

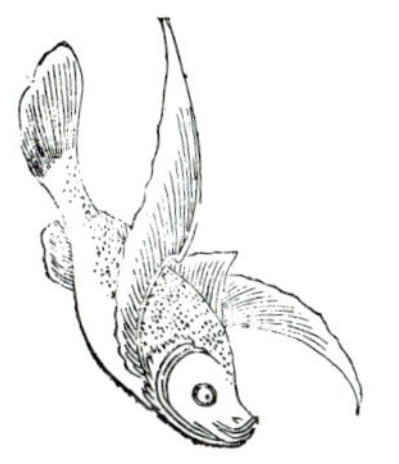

蜜意，都是骗我不成？”

一旁的钩蛇目露讥讽：“你以为相柳真喜欢你吗，不过是为了你体内的赤炎珠！”

玄鸟双目赤红，死死盯着她，却惹来钩蛇的嗤笑：“你又怎么比得上灵界至尊之位？”

是了，相柳从与她相遇起，就一直觊觎赤炎珠。若得赤炎珠，水族不需一兵一卒，就能解开火灵界的禁制，长驱直入，灵界至尊唾手可得，为此他几次三番要取她性命。

她知道他曾经的野心与权欲，可是他也答应过她不再卷入两族纷争。

明明约定还在耳畔，又是她错信于人吗？

她的目光怨毒恨极，相柳微微蹙眉，只觉摘胆剜心的痛楚，他似是有点疑惑，不过那也只是一瞬间。

钩蛇甩出长鞭就要将她拖走，玄鸟嘶吼一声，化为原形，水灵锁将她浑身割出道道血痕，但她就算是散灵，也不会让他们得逞！

她以灵源之力挣脱水灵锁，漫天赤焰将湖水瞬间蒸发，燃起滔天热浪。相柳被炽气灼伤，他眼神微变，在灼灼烈焰中也忘了躲，忽地死死盯住玄鸟，连神魂灼痛也不曾理会。

为何——会这么痛？

连神魂都在跟着一起燃烧，他大口大口地呕出血，一时跪伏在地，眼神也从迷蒙渐渐清明——

嬴鱼他们将玄鸟围住，她仰天发出一声凄厉嘶鸣，灵元从她魂体消散，红羽纷纷散落，化为绚烂焰火，将郢湖染成赤地千里！

相柳不由得目眦欲裂：“玄鸟！”

钩蛇来不及从烈焰中挣脱，见他扑入焰火，只能嘶声道：“不要，你会被她害死的！”

水灵尊说过，他若是想起玄鸟，锁魂珠只会让他心脉俱损，他现在强唤水灵，难不成想要变成废人，神魂覆灭不成？

水灵溢散，相柳血脉寸寸尽断，最后一丝水灵也只能勉强聚拢灵元，将其封锁在赤炎珠内。

只见得相柳化为蛇身，与赤炎珠一起没入烈焰火海中，早已不辨身形……

此后又是三千年。

玄鸟一觉醒过来，不仅没了灵力，容颜灼毁，还很悲催地跟相柳流落人间。

她记得自己一睁眼，就瞧见相柳对她柔情一笑，他一袭青衫，可是脸上伤痕狰狞可怖，吓得她赶紧闭眼。

许久她睁开眼，怯怯开口：“你是谁？”

相柳很是温柔，摸了摸她的脑袋：“我是你夫君。”

玄鸟眼神惊恐：“不可能，你这个骗子！”

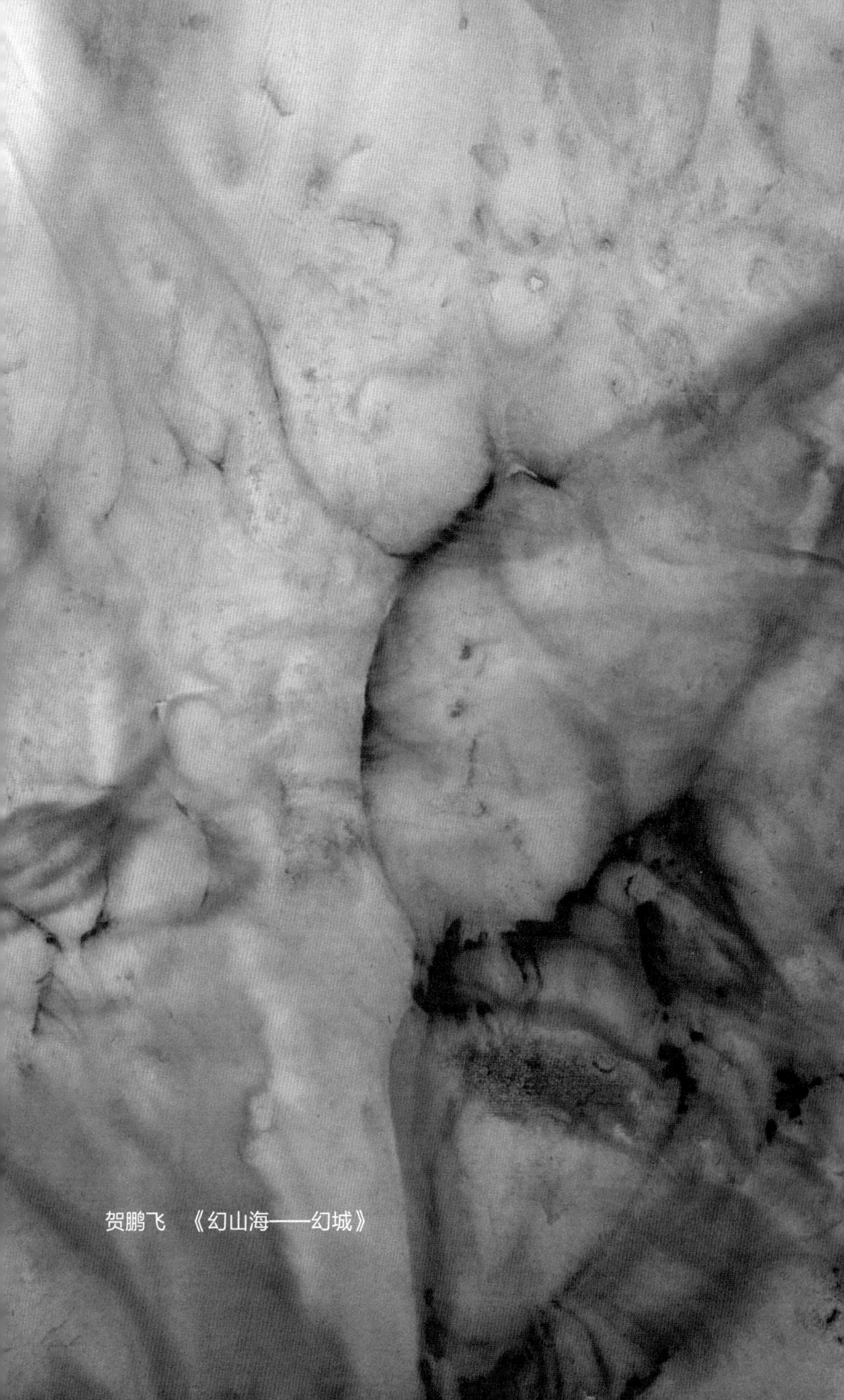

贺鹏飞　《幻山海——幻城》

东南海之外，甘水之间，有羲和之国。有女子名曰羲和，方日浴于甘渊。羲和者，帝俊之妻，生十日。

——《山海经·大荒南经》

羲和

宴临

羲和很是郁闷。

那日她听说重黎渡劫归来，兴冲冲地跑到栖云宫找他，然后她就“悲剧”了。

只见那花海中，重黎摘下一朵夕雾花别在了小美人的乌发间，他俩脉脉不语，但是浓情蜜意就算她眼瞎也看得出来，难怪那侍从看她时眼神躲闪。

重黎似有所觉，看向她时，那双桃花眼没有了昔日柔情，反而一片冷清，转而是歉意。

羲和没想到他这就移情别恋了。

后来不只她，整个仙界都听说了，那重黎上神只不过渡了一次劫，就带回了一只花妖，还在天帝面前请罪，只想解除他与羲和的婚约。

羲和被莫名退婚，可她是天帝的亲侄女，这桩婚事也

贺鹏飞 《幻山海——羲和浴日》

不可能说退就退。

不过看重黎跟那小花妖情深似笃的模样，羲和觉得她肯定没戏了。

她跟重黎怎么说也算得上青梅竹马，那时她待在宿月宫，就见他和帝俊爬上了她的墙头，重黎一头栽倒下来，就算摔得一脸泥，还朝她笑得眉眼弯弯：“羲和，我们一起出去玩吧？”

羲和虽然年幼，但一直自持身份，犹豫了好一会儿，才跟他们跑了出去。最后重黎贪玩，执意要进御兽园，那麒麟被他惹得暴怒，冲了出来，差点要了他们三个的小命。

好在羲和跟帝俊还算靠谱，他们俩扯着重黎一路御风狂奔，最后引来了侍卫，这才捡回了一条命。

那时重黎看着她身上的伤口，差点没忍住哭，没多久他得离开天宫，还一直牵着她衣袖不放，说什么“等我来娶你”，后来他们俩的婚事也算是天作之合。

重黎渡劫前，还与她依依惜别，那人儒雅温柔，眸光灼灼：“等我回来。”

如今她与重黎再见，只能将过往都归于曾经年少。

她都不记得最后神殿是怎么解除婚约的，难道她还能死缠烂打不成？也许是她见到那两人时，就已经觉得自己是局外人。

其实也没有想象中难受，就是有点郁闷，明明那些花前月下也不是戏言。

天界御宴，她只感觉如芒在背，本来她也没觉得丢人，可那些女仙却在幸灾乐祸。

羲和心中更加郁闷，她提了一壶酒跑到了那片夕雾花海中，心中有点愠怒，这花海中她和重黎也曾情投意合，怎么一转眼就变成了他和别人出双入对。

她飞身卷起无数花瓣，抬手就以灵力挥散，不知是喝醉了还是疯了，也不顾什么身份，只想将这夕雾花海给毁了。

幽蓝花瓣萦绕在她周身翩跹起舞，几朵调皮地停在她发间，她只听得身后一声轻叹，不觉回头：“谁？”

一缕银光乍现，来人缓缓现出身形，羲和眼中也更加落寞。

帝俊抬眼见她眸中有几分失落，也没有说话，他乌墨般的瞳眸深不见底，好似轻易就看穿了她。

“原来是你啊，跟在我后面是想看我笑话吗？”羲和哼了一声，她跟帝俊也算是从小认识，在他面前也装不来优雅矜持。

帝俊摇头轻笑：“不，是陪你一起喝酒。”

羲和将酒壶扔给他，索性就躺在了花海中。

帝俊也随她坐了下来，两人有一搭没一搭地聊了几句，渐渐羲和是真醉了，她只觉得昏昏欲睡。

“我不知道他也会喜欢别人……明明我们先约好的。”

帝俊偏过头看她：“你永远不会知道……”

羲和快要睡着了，只轻轻哼出一声：“嗯？”

——永远不会知道他一直就站在她身后，不会知道是他让那只花妖与重黎一见钟情。

帝江

宴临

天山，有神焉，其状如黄囊，赤如丹火，六足四翼，浑敦无面目，是识歌舞，实为帝江也。

——《山海经·西山经》

帝江跟着飞羽已经时间不短，这飞羽小郡主一直心疾缠身，恐怕活不了多久了。

帝江等她神魂离体之际，直接钻入了她的体内，天知道她只是一团混沌雾气，没办法化形，只能寄宿在凡人的躯体里。

只有纯阴之体才能容纳她的灵体，不然她也不必费心地在此苦苦守候了。

她一睁眼，只见闺房内一群人哭哭啼啼地围着她，见她醒转过来，为首的北平王妃泣涕涟涟，将她搂进怀里："阿羽，我苦命的阿羽！"

——南楚异姓王独女，这飞羽真的是集万千宠爱于一身，她估计再也找不到这么好的寄体了。

没等两个月，她终于又遇到了那个少年。

帝江

有神焉，其状如黄囊，赤如丹火，六足四翼，浑敦无面目，是识歌舞，实为帝江也。

贺鹏飞 《幻山海——帝江》

说来，她与伏厌也算是旧识，上一次她寻得一侍女附身，那侍女就是伏厌宫中的人。

只不过那时她跟着伏厌在后宫，有上顿没下顿的，一时嘴馋，吃了从御膳房偷来的糕点，莫名其妙地就被毒死了。

她好不容易寻得的纯阴之体，肠穿肚烂就没了，害她又等了两年才找到寄体！

这伏厌也是凄惨，他母亲只是宫中的婢女，妄想攀龙附凤，没想到生下他时，不仅天降不祥异兆，连他母亲也血崩而亡。

伏厌被皇帝下令沉湖，竟也没有淹死，最后还是国师出面救了他一命。

此时，帝江见他被人压在地上揍，还是一声不吭的冷漠脸，摇了摇头，这家伙还真是没怎么变。

那四皇子见到是她，一脸欢欣地爬起来："阿羽，你来了。"

帝江只冷冷瞥了他们一眼："你们又欺负人？"

伏昭斥退他的侍从，一脸讪笑："阿羽，你别生气，我以后不会了。"

帝江轻轻点头："你姑母她们找你呢，快回席上吧。"

将四皇子打发走，她直接蹲了下来："怎么我每次见到你，你都这么惨呢？"

少年黑黢黢的眼睛盯了她一会儿，使力想爬起来，闷哼了两声又趴了回去，想来是被揍得狠了。

帝江见他逞强，也不再遮掩："阿厌，你不认识我了吗？"

伏厌眼中闪过惊疑，这世上这般称呼他的，也就只有那个人了——可是，她被毒死了。

帝江轻轻笑了一声："以后，还是我来罩着你吧。"

帝江也算是感念他那时的关照，虽然他偷来的糕点毒死了她上一个寄体，不过这家伙当时撕心裂肺的，连她都不忍心了……

她以为伏厌不会信她，可是伏厌只看了她一眼就不作声了。

在她又一次将他从湖里捞出来后，伏厌直接搂住了她，这家伙被冻得浑身哆嗦，却只红着眼死死地搂住她，像是怕她跑了。

这冰天雪地的，两人差点没冻死，只是这一幕不知怎么就引来了那些皇亲贵胄，这下可好了，他们俩湿漉漉抱在一起，成了帝都的笑谈。

帝江倒是不以为意，只是他们俩这事已然传开了，就在帝江名节不保的时候，皇帝有意为他俩赐婚，没几天圣旨下来，她直接蒙了。

听说他们这桩婚事是七皇子伏厌跪了整整三天求来的，前几日伏厌来找她的时候，只问她：“你信不信我？”

帝江虽然不明所以，还是对他点了点头，她觉得伏厌那一刻的眼睛极亮，像是被点燃的烟火。

她本就是为他而来，如今也算是得偿所愿。

熙和七年，伏厌被封凌王，她与伏厌大婚，此后他们俩琴瑟和鸣，也算是一段佳话。

次年，楚魏两国战事一触即发，魏国大军压境，连下三座城池，直逼嘉禾关，一时间朝野上下一片哗然。

南楚原本偏安一隅，只是这一次北平郡王不顾妻女在京为质，勾结外敌入侵，帝江身为北平郡主，连同亲族被一起押送到了刑狱。

行刑前一夜，伏厌带人闯进刑狱，直接将她和北平王妃送走，他独身向楚昭帝请罪。皇帝震怒，差点剐了他，最后伏厌在狱中请命，他要戴罪率兵出征。

嘉禾关一战持续了三个月，十几万兵马血流成河，伏厌被逼至绝境，北魏三十万大军将他们围困至死。

伏厌突围后身边只剩下七百多人，他们一路逃至沧水，他被敌将一箭射穿胸口，连人带马落入了滔滔江河。

次日，嘉禾关破，魏军长驱直入，直抵宛都，南楚不过数日国破。

帝江沿河寻到伏厌时，他不仅命在旦夕，更是身中剧毒。

帝江耗尽灵力为他续命，以至于最后灵体消散，只来得及在伏厌耳畔轻轻道：“其实，我从很久以前就陪着你，所以我来人间寻你，不过——这些你都忘了吧。”

伏厌醒来时，一团黑雾随风飘散，帝江不知所终，飞羽的尸身也化为了齑粉，从此以后，他再也不记得帝江或是飞羽。

此后又是十三年，伏厌收复山河，逐一兼并七国，在南陵称帝，九州海晏河清，天下自此归一。

楚厌帝在位不过数年，沉疴旧疾缠身，最后毒发而亡，此后天下分崩离析，他却是功德圆满，回归神位。

一缕神魂重返九天，月厌神君睁开眼，只觉得心口还似剧毒腐蚀般灼痛，他微一蹙眉，就见一旁的神官拜伏于地：“恭迎帝君回归神位！”

月厌抬手抚上心口，终于明白隐隐作痛的并不是旧伤，而是心疾。

原来历劫七世，每一次帝江都会来寻他。

他轻轻闭目，灵识不过一瞬就遍及四海八荒，睁眼时他似有所感，难得露出一丝笑意：“帝江，这一次，就换我来寻你吧。”

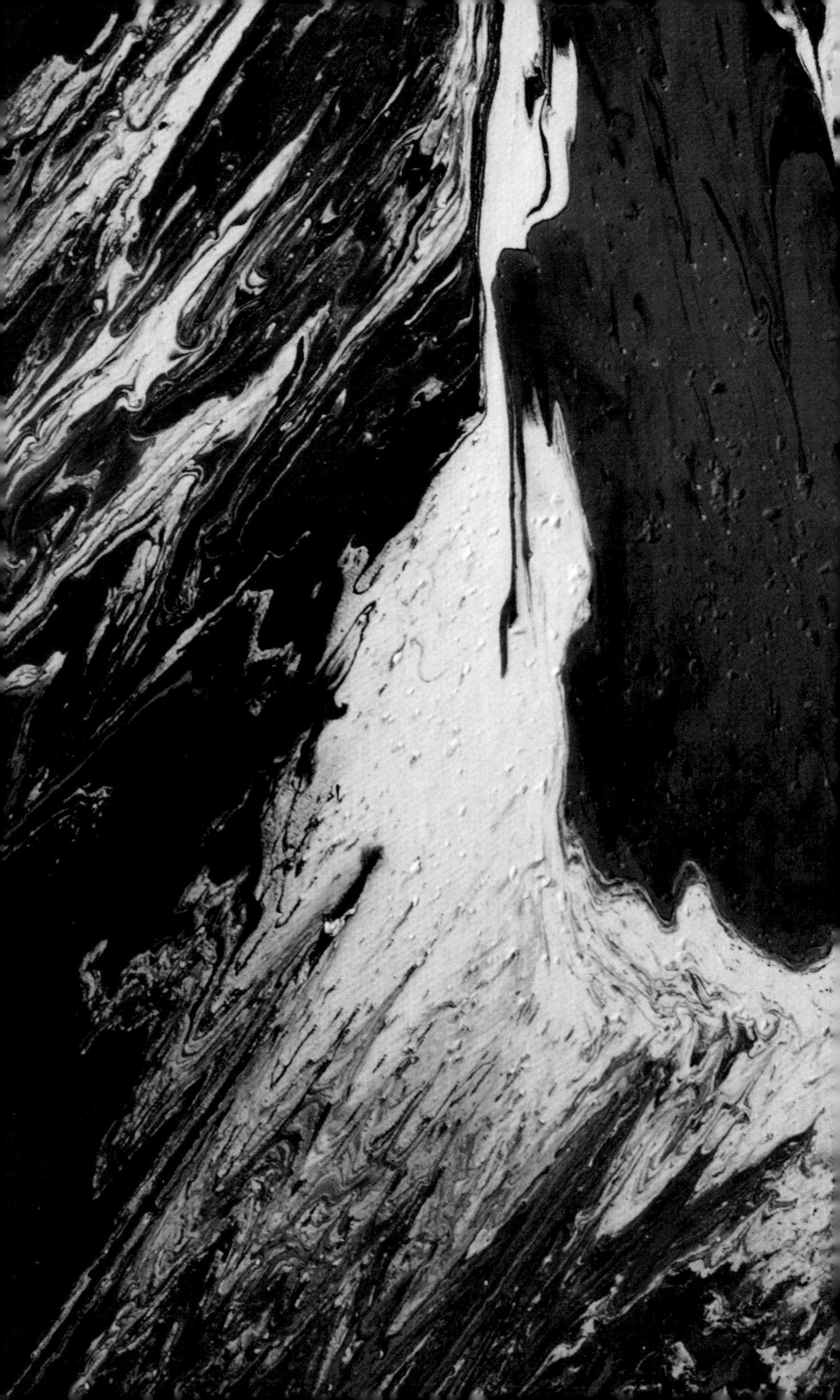

蚩尤作兵伐黄帝，黄帝乃令应龙攻之冀州之野。应龙畜水。蚩尤请风伯雨师，纵大风雨。

——《山海经·大荒北经》

风神飞廉

阿兹猫

风神悔婚了！

九重天上，这个爆炸性新闻一夕间不胫而走，万仞琉璃的琼华殿外聚集着大大小小的散仙，大家正交头接耳地八卦此事。

“老兄，你是没看到风神悔婚的那场面，怎一个‘尴尬’了得！众目睽睽之下，风神飞廉手擎一只乌鸦，竟无视天帝的震怒直接甩袖走人了……”

“什么？！怎么可能呢？风神与水神之女桑绮的婚约不是三千年前便定下了吗？风神怎么会想到在今日大婚时才悔婚呢？”

“啧啧！你这就孤陋寡闻了吧？！风神飞廉素来以雅正君子闻达天下，与水神之女的婚约拖延了三千年才成婚，这中间要是没有半点猫腻鬼才信！”

贺鹏飞　《幻山海——飞廉》

“原来如此啊！不过……奇怪了？风神不是向来不近女色吗？那哪里来的第三者搞现场破坏呢？”

“据说啊，婚礼进行的时候，殿内突然飞进来一只喝醉酒的乌鸦，直接扑进风神的怀里，然后，风神就悔婚了……”

此刻，被议论纷纷的主人公飞廉却置身事外般地待在风神殿内。

空荡荡的大殿上，飞廉单手抵额支撑在琉璃案几之上，半垂眼帘时神情落寞又孤寂。

这个万年孤独的风神之位，看似风光，实则空虚。他骨子里流着不羁的血液，向往无拘无束的生活方式，然而在风神殿里守着万年不变的光景，看似他什么都拥有，实则什么都没有！

“咕咕……”

琉璃案几上立着一只毛茸茸的小鸟，它全身漆黑，唯有鸟冠染着一抹朱红，它用鸟喙狠狠地啄了一下飞廉的手背。

他却仿佛毫无所感，点漆瞳眸似夜色般深沉地望着这只他豢养千年的小鸟。他这般静坐于此，淡漠地睨着繁华散去，内心只余下一片虚无，暗自庆幸能有一鸟相伴。

王敬琦 《山海经图谱》 篆刻 81×224cm 2021

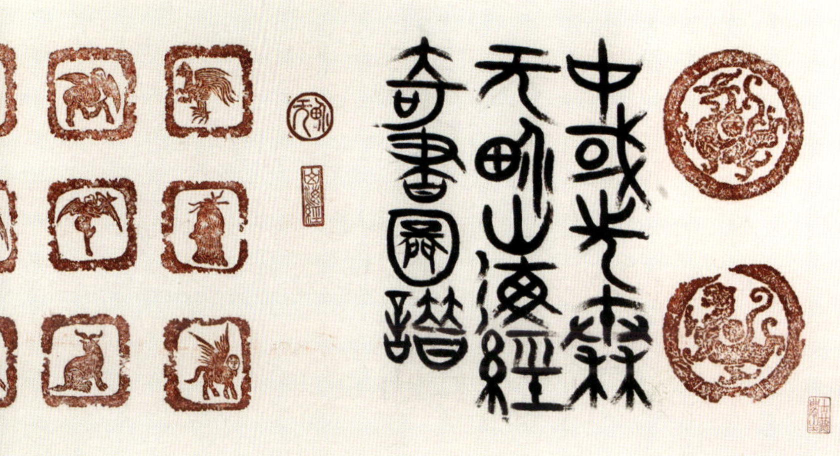

婚约两字，对于权倾九重天的天帝而言重之又重。可是，于他而言，只是习惯服从而已，习惯了这样一成不变的日子。

小家伙见啄人不成，眨着乌黑的眸子歪头打量着主人飞廉，他伸指逗弄了一下它嫩黄的小嘴。

“小鸦，今日……多谢！”飞廉笑望着小家伙，眉心的一点朱砂愈加鲜艳欲滴，更衬得眉眼清冷孤傲。思及若不是喝醉酒的小鸦误打误撞地扑入他怀里闹腾，此时他恐怕已被天界众人推入洞房……

飞廉按捺不住地打了一个寒战，套上一件水蓝色的长衫，伸手捉住小乌鸦，眉眼透着一种不近人情的疏离感：“小鸦，我们去人界透透气。”

人间风光绮丽，白云悠悠绕翠峦。春去秋来，小乌鸦立在他肩上陪他一起阅尽了繁华的盛景，踏遍了钟灵毓秀的山水……

夜风中，一袭水蓝长袍的风神入画般立在屋前，仿若与夜风融为一体。小乌鸦立在他浅金色的流苏袖口上痴痴地望着他。飞廉未曾想到，小乌鸦正眼馋地流着口水，旖旎地勾勒着之前他在温泉里沐浴的场景。不久，它竟眼冒金光，扑腾着双翅飞到他面前，伸长鸟颈后用自己的喙轻啄了一下他的薄唇。

此刻，伫立在风中赏月的飞廉微微一怔，神情困惑地望着小家伙，勾指一敲它的小脑袋:“…… 又喝醉酒了吗?调皮！”

水神之女桑绮是抱着满肚子委屈和怨气来找风神的，只是当她找到飞廉的时候，他正立在一棵桑树下用“御风术”采摘桑葚，再将一颗颗精挑细选的果实投喂给小乌鸦吃。

这让桑绮大吃一惊，要知道她竟然在不苟言笑的飞廉脸上看到一丝笑意，尽管那抹笑意很淡很淡，却让人过目不忘。

他，不愧是享誉三界的美男子，就连淡然一笑也很销魂。

只是……他的笑不是为了她。

桑绮嫉妒地望着那只立在飞廉肩上大快朵颐的小乌鸦，都是因为那只臭鸟，她和飞廉的婚礼才会被众仙家传成了“笑话”！何况，她还是尊贵的水神之女！

她像个猎人伺机等待，趁着飞廉外出的机会，桑绮终于得手——

她悄悄地潜入飞廉屋内，看守家门的小乌鸦挓挲起黑

精卫填海

是中国上古神话傳説之一相傳精卫本是炎帝神农氏的小女儿名唤女娃一日女娃到海遨玩溺於水中死后其不平的精靈化作花腦袋 白嘴壳 红色爪子的一种神鸟每天從山上銜来石头和草木投入東海然后發出精卫精卫的悲鳴好像在呼唤着自己精卫填海刻畫了英勇頑强的精神

書於庚子年腊月廿六

韩波 《精卫填海》

羽紧盯着来者，视线相交时，桑绮的熊熊怒火从心底蓦然生起。

哼，不过是只凡鸟，今日她定要灭了它！

她结印布下结界，抬手一道夺命的“水波斩”直袭向小乌鸦，它重重地摔下了琉璃案几……

一个箭步上前，桑绮兴奋地捡起落地的乌鸦，想要欣赏一下自己的战果，却发现垂死的小鸟仰起小脑袋，张嘴朝她喷出了一个灼灼的火球……

“啊——！”

灼灼燃烧的火焰冲天而起，一道嘹亮的凤鸣伴随着女人凄惨的叫声爆发开来。眨眼间，冲天的凤凰火焰已经密布于天空之上……

飞廉闻声赶到竹屋的时候，桑绮捂着半边烧焦的脸正向他求救：“神君救我！”

他掐指一算，已明了前因后果，一双冷眸里映着浮冰碎雪的清寒。

飞廉淡漠道：“害人终害已，水神就是这样教导女儿的吗？”

桑绮掩面逃离后，飞廉仰望着火烧云的天际，微微一叹——他们俩终究还是错过吗？

一百年后，江南水乡。

烟雨朦胧中，一画舫里的红衣女子扛着一杆喷火的金枪正在帮一位书生抢亲，原本热闹的婚礼此刻却乱成了一锅粥。

风神飞廉轻落在画舫的甲板上守株待兔，却见一个眉清目秀的姑娘拽着新娘子狼狈地逃出了船舱，迎面撞上了一袭水蓝长衫的男子。

“小鸦，你又来抢亲了？”

飞廉眉眼含笑地望着眼前蛮横的女子，一丝丝柔情溢出了清澈的瞳眸。

“是你？！”红衣女子扶额低语，怎么逃了百年还是被这缠人的风神追上了呢？

斯人若仙，遇上方知有……

贺鹏飞　《幻山海——招摇山》

招摇之山，临于西海之上，多桂，多金玉。有草焉，其状如韭而青华，其名曰祝余，食之不饥。

——《山海经·南山经》

祝余

许磊

1

祝余就要成亲了，她是被相家恶少强行霸占的。

城中众人只是看热闹，因为相家惹不起，也因为祝余是个传说中的妖孽。

十八年前，祝娘子怀孕三年，在街坊的非议中生下女儿，然后撒手人寰。这孩子周身青黑，长满细毛，尖嘴猴腮，祝老爹给孩子起名叫“祝余”。众人认定她是妖孽。

祝余渐长，每到一处，总被人嘲笑驱逐，孩子们朝她扔石头吐口水，骂她是怪物。

面对羞辱，祝余总是默默走开，从不争辩。时间久了，便不出门，也不说话，极是孤僻古怪。

她心灵手巧，常常用泥土捏一些仙魔、怪兽甚至山川花木。这些小物件，她视若珍宝，不许人碰。

土蝼

昆仑之丘……

有兽焉，

其状如羊而四角，

名曰土蝼，

是食人。

张鹏　《盘中山海 No.1》

及至十二岁，祝余肤色变淡，毛发渐褪，日渐标致，出落成远近闻名的美人。只是祝余有个怪病，一触碰花草树木，便会周身长满红斑，奇痒无比。

相家公子，财大气粗，欺男霸女，无恶不作，众人敢怒不敢言。相公子偶一见到祝余，顿时半个身子酥了，立刻派人提亲。

祝家父女不肯，相公子便纠集家丁，把祝老爹暴打一顿，扬言若敢不从，就要祝老爹的命。

2

出嫁前夜，祝余去城外见了一个流浪汉。

流浪汉不知姓名，十八年前来到此地，每日东游西逛，疯疯癫癫。众人瞧不上他，祝余却极喜欢他。

流浪汉的行囊中似乎有无穷无尽的小玩意儿。长着四角的羊，那叫土蝼[1]；像蜜蜂一样的鸟，那叫钦原[2]；还有蛟龙、巨蛇、花豹，数不胜数。

祝余最爱靠在流浪汉身上，看他从包裹中拿出这些东

1　土蝼（lóu）：昆仑之丘……有兽焉，其状如羊而四角，名曰土蝼，是食人。——《山海经·西山经》

2　钦原：昆仑之丘……有鸟焉，其状如蜂，大如鸳鸯，名曰钦原，蠚（hē）鸟兽则死，蠚木则枯。——《山海经·西山经》

西，听他讲述那些奇异的上古传说。祝余把自己做的小玩意都给了流浪汉，还告诉他自己做过的噩梦：神魔大战，天崩地裂，以及人首马身的神灵。

“每当我梦见那个神灵，就好想哭！”祝余喃喃说道。

二人时常月下对坐，相顾而言，就像是心有灵犀的老友。周围百花盛放，香气悠悠。

这一夜，他们依旧紧紧依偎。祝余说：“我不想嫁给那人，却无可奈何，你有办法吗？”

流浪汉抬起头，嘻嘻一笑，祝余叹了口气。

3

花轿到了，相公子得意扬扬地来接新娘。祝老爹苦苦哀求，被相公子一脚踢开。

门开了，祝余一身红衣，花容月貌，明丽动人，额头多了一抹青色妆纹，如同青草摇曳。

“我随你们走，不许伤害我爹爹！”祝余说道。

相公子喜上眉梢，这是他第一次听祝余说话。

正要出发，流浪汉突然蹿出，掀开轿帘，将一个九头蛇木偶塞到祝余手中：“送给你，呵呵！”

祝余见流浪汉这般举动，不知该喜该悲：“快走吧，莫

英招

槐江之山……

实惟帝之平圃，

神英招司之。

其状马身而人面，

虎文而鸟翼，

循于四海，

其音如榴……

钦原

昆仑之丘……

有鸟焉，

其状如蜂，

大如鸳鸯，

名曰钦原，

蠚鸟兽则死，

蠚木则枯。

张鹏　《盘中山海 No.2》

要被他们抓住！”

流浪汉笑着，看着轿中人，不肯走。相公子挥手，家丁一拥而上，痛殴流浪汉，血流满地。流浪汉不哭不叫，依旧傻笑。

轿子远去，传来了祝余的哭声，百花纷纷凋落。

4

当夜，相公子吃饱喝足，贼笑着进屋。佳人红衣红盖头，端坐于床上。

突然，凄厉的惨叫声打破了夜的沉静，一个红衣女子冲出院子。

相府上下人等赶来，大吃一惊。祝余变得半人半鬼，身形一丈，周身青色，双目闪绿光，配上红衣，越发恐怖。

祝余一见众人，狂性大发，长袖一挥，击倒数人，一时叫苦声不绝。

“祝余这妖孽发狂了！”消息传遍全城，百姓皆来围观。

正乱着，相公子的屋门打开，从门中伸出一个硕大的蛇头，吐着红芯，嘶嘶地叫。众人还在想着相公子的安危，那蛇猛蹿出来，竟是个九头蛇怪，身形巨大，一身腥风。

九头蛇扑向祝余，二怪缠斗起来，屋倒房塌。从相府斗到城中，满城哭号，城门都塌了。祝余渐渐不敌，九头蛇啸叫着，将她缠住。

5

一道明光闪过，空中出现一个神灵，马身人面，虎纹鸟翼。

“英招[3]！那是传说里的神仙英招！”众人惊呼。

英招扇动双翅，狂风卷住九头蛇，如同巨网，步步收紧，祝余趁势逃出，盘旋半空，双目碧绿，如同入魔。

九头蛇的身子逐渐缩小，缩在地上，竟是相公子。英招降落在地，变成了流浪汉。

还没等众人回过神，祝余便在半空中发狂，咆哮飞舞，意欲伤人。

英招打开行囊，抛出一连串的物件，全是祝余送他的小东西。诸物飘浮空中，赫然化作飞禽走兽、神魔精怪，

3 英招：槐江之山……实惟帝之平圃，神英招司之。其状马身而人面，虎文而鸟翼，徇于四海，其音如榴……——《山海经·西山经》

将祝余围住。

天现幻象。一场上古大战空中展开。一个女子，被九头蛇挟持，与酷似英招的天神激战，众仙和珍禽异兽加入战团，殊死搏杀。

九头蛇战败，女子和九头蛇坠入凡间，而英招化作一个流浪汉。

幻象消失，祝余身子一软，跌落在地，变回了女子的模样。

6

“祝余，你还记得我吗？”英招微笑道。

“我想起来了！”祝余流泪，抬头看着英招。

上古之时，百花之神祝余与天帝的爱将英招情投意合，却被九头蛇恶神相柳挟持，为害人间，引发一场神魔大战。

战后，天帝命英招斩杀祝余，英招不肯，天帝大怒，将二人贬入凡间历劫。

祝余忘了当年事，英招却始终陪在她身边。祝余做的那些泥偶，便是前世的记忆，英招小心收藏着，就为了此刻唤醒祝余。

英招拉着祝余的手，说道：“今日，就随我回去吧！”

祝余惊问：“天帝岂能容我？他爱你之才，要重用你，你若带我回去，定会受罚！”

英招说道：“天帝答应我，历劫之后，让我掌管天界花苑，你藏身百花中，定不会被发现！我不要盛名权柄，只要你！”

祝余握住了英招之手，满眼热泪。

拜别祝老爹，霞光骤起，英招现出本形，带着一株开着青色花朵的绿草，腾空而去，奔赴天帝花园平圃。

天宫之中，天帝俯瞰平圃，注视着那个让他牵挂千年的身影。百花深处，一缕青色微光闪动，天帝轻声说道：“虽然不舍，但还是成全他们吧！”

贺鹏飞　《幻山海——英招》

玉山，有兽焉，其状如犬而豹文，其角如牛，其名曰狡，其音如吠犬，见则其国大穰。

——《山海经·西山经》

狡与青丘狐

许磊

1

最近，大明山的群狼很不平静，因为从外面来了一只奇怪的动物。

那动物长得像狼，周身却布满了豹的花纹，还长了一对牛角，叫起来不是狼的长嗥，而是狗的“汪汪汪”。

“我的名字叫狡，其实，你们可以把我当成狼！”怪物自我介绍。

“嘶……呜……滚远点，你这个异类！”众狼发出了威胁的嘶吼，他们可不会轻易相信长相如此奇怪丑陋的外来怪物。

狡愣了一下，走开了，躲进了深山里。

“非我族类，其心必异！”众狼看着狡落寞的背影，庆贺自己取得了一次史诗般的胜利。

九尾

青丘之山，
其阳多玉，
其阴多青雘。
有兽焉，
其状如狐而九尾，
其音如婴儿，
能食人，
食者不蛊。

贺鹏飞　《幻山海——九尾》

2

山下大旱，饿殍遍地，人类的眼睛都饿绿了。

这一晚，群狼正在山巅晒月亮，突然，四面山林中出现了一点火光，暗中有窸窸窣窣的声音，众狼警惕起来。

骤然间，火光四起，山林里冲出数百人，皆手持火把利刃，步步逼近。众狼想冲出重围，可他们怕火，也怕闪着寒光的兵刃，只能步步后退，挤成一团，龇牙咧嘴，厉声嘶吼，想吓退众人。

众人已经饿成了狼，哪里会怕?

“杀了这些狼，足够让咱们熬过这场饥荒！”人们喊着冲了上来。

“汪汪汪!”危急时刻，狡出现了，跃到巨石上，朝众人叫着。

狼群傻了，这个四不像的丑东西，是在帮人类，还是在帮狼群？奇迹出现了。众人一看到狡，惊呆了。片刻之后，扑通跪下，五体投地，痛哭流涕。

“天降祥瑞！神灵出现了！”

“救救我们吧！我们快饿死了！”

众人把头都磕破了，血流满地，直到磕不动，才互相扶着蹒跚下山。

众狼傻眼了：怎么，这个怪物是神灵？有这么丑的神灵吗？

狡无奈说道："人间有本《山海经》，说我在哪里出现，哪里就会五谷丰登，所以人类把我当成神，其实，我就是只爱吃兔子的狡，并非神灵！"

众狼不信，对他无比尊敬，立刻就要奉狡为首领，狡拒绝了，依旧选择独来独往。

3

果然下雨了，百姓在山顶进献供品，以示感谢。

狡也不知道为何下雨，这和他无关。至于那些供品，他不爱吃，都被狼给吃了。

漫游山间，狡发现山里又来了新住户：一只狐。这狐周身雪白，赤眼，有九尾[1]，身形婀娜。

狡的心怦怦直跳，他觉得狐的体味让他有点……迷醉，真是个迷人的家伙呢！

"你来自于青丘吧？"狡凑上去，小心地问道。

青丘狐打量了一下狡说："是啊，你是狡吧？难得，在

---

1 九尾：青丘之山，其阳多玉，其阴多青雘（huó）。有兽焉，其状如狐而九尾，其音如婴儿，能食人，食者不蛊。——《山海经·南山经》

贺鹏飞　《幻山海——狡》

强良

大荒之中，有山名曰北极天柜……有神，衔蛇操蛇，其状虎首人身，四蹄长肘，名曰强良。

狡

有兽焉，
其状如犬而豹文，
其角如牛，
其名曰狡，
其音如吠犬，
见则其国大穰。

樊华　《青丘夜探》

樊华 《青丘吟》

这座破山里，也能遇到异兽。不过，我就快要修成人形了，所以来到这山里，寻个清静。”

狡怕狐要走，赶紧说：“你放心，我就远远地看着。再说，你要修炼，我可以保护你，不让其他野兽打扰你啊！”

青丘狐说道：“那也好。不过，我修行的时候，不许你吃肉，那个味儿太呛人，会让我分心的！”

狡赶快保证说：“不吃，不吃，我最不爱吃肉了，我都吃山果和露水的！”

青丘狐笑了笑，狡觉得有点晕，这狐狸的笑容太让它上头了。

从此，每夜子时，青丘狐都在山巅，对着月亮，吐纳修行。月光下，云气中，青丘狐美得让狡心动。

“唉，她为什么一定要变成人类呢？做个好看的狐狸，难道不好吗？”狡在远处守望着青丘狐，心里很惆怅。他甚至有些不希望青丘狐修成人形，那样，他就看不到她了。

“但是，她开心就好，唉……”

4

狼群对狡越来越崇拜了，因为狡在这里，方圆数十里的人类都会来此供奉祈祷，供品应有尽有，狼群不需要觅食，都能吃得满嘴流油，膘肥体壮。

“那个英俊帅气的狡，实在是我们的恩人啊！其实，他也是狼，是我们狼中的神灵！”众狼一致说道。

吃素的狡，越来越瘦了。唉，青草和山果，真的不如小兔兔好吃。狡饿得要命，可是，青丘狐却很满意。

“狡，你就应该一直吃素，你看看你现在道骨仙风，将来一定能和我一样修成人形,我在人间等你哦！”青丘狐说道。

狡饿得眼冒金星，走路发飘，还真的有点仙人的感觉。虽然这种感觉不怎么美好，但只要青丘狐喜欢，他愿意做出牺牲。

毕竟,和青丘狐紧紧贴在一起,坐在山巅,看云海星月,看红日朝霞，狡觉得很幸福。

这一切,狼群看在眼里。他们打心眼里不喜欢青丘狐,想把她赶走,可是,看在狡的面子上,大家忍了。惹怒了狡,以后可就没供品吃了。这笔账，狼群会算。

月圆之夜，青丘狐周身发出七彩明光。光中出现一个女子，白衣飘飘，姿容绝代。狡看傻了。

“是我啊，我修成人形了，好看吗？”青丘狐笑问。

“好看！”狡点头，可心里却无比失落，他更喜欢她狐的身形。

“我要去人间了，你随我一起去吗？”青丘狐问道。

“呃……我不去了，在这里等你！”狡很失落。

“那好，我还会回来的！对了，我走的这段时间，你不准吃肉哦！”

5

人间遭了水灾。方圆百里的人类进献了无数供品，祈求狡能够驱除灾殃。可是狡实在无能为力，他只是一只异兽，不是神灵。

终于，灾民发觉并无用处，原本的崇敬变成了愤恨，他们认定狡变坏了，贪婪了，收了那么多东西，却不保佑他们，还降下灾祸，实在可恶可杀！

于是，灾民冲上山，誓要抓住狡，讨还公道。

狡一路逃窜，在百姓的围捕下，终于找到了一个隐秘的山洞。刚一进去，就被拦住了。狼群就躲在山洞里，他们不让狡进去。如今，人类翻脸，狼群跟着遭殃，不但没了食物，也没了容身之地，不得不藏到这个山洞里躲避风头。

“滚！若不是因为你，我们哪里能沦落到这般地步？你这个丑陋的灾星，我们狼群不欢迎你！”众狼咆哮。

狡无可奈何，只能继续逃跑。他不想在这里逗留，免得人类发现这些狼。

在人类的围捕之下，身负重伤的狡被逼到了绝境。他浑身是血，跑不动了，面对人类的兵刃和怒吼，他安静地坐下来，等待死亡的来临。

无数的箭朝着狡飞来，一道七彩明光闪过，所有的兵刃被丢落在地，香风卷起狡，将他带到了更深的深山之中。

6

狡醒了，睁开眼，是青丘狐。可是，她怎么又变回了狐的样子？再看看自己，满身伤痕已经痊愈。

青丘狐在用她的百年道行给自己疗伤？狡一下子站起来，惊问："你为何这么做？百年修行不易，你不是一直想做人吗？"

"我想明白了，就算变成人形，我也不是人类，我还是想和你在一起！"青丘狐说道。

她在人间，人类一边喜欢她，一边恨她骂她，说她是狐狸精，说她身上有臭味。她走得越远，越是思念深山中那只傻乎乎的狡。于是，她回来了，恰好遇到众人围攻狡。

只要能让狡活下来，百年道行算什么！

多年以后，在人迹罕至的深山之中，有一只狡和一只青丘狐。狡爱吃肉，青丘狐也爱吃肉，他们过着快乐的生活。

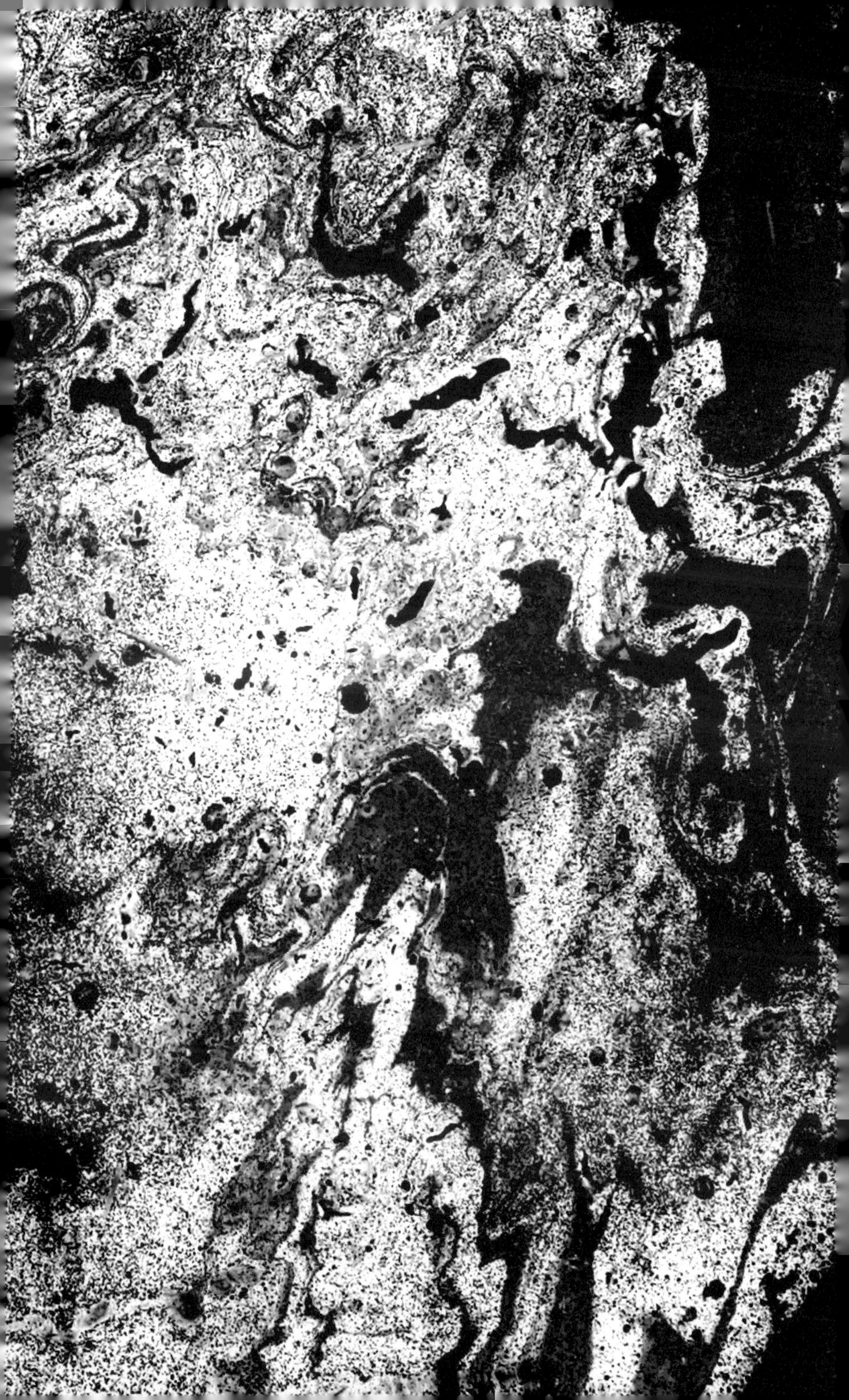

大荒之中，有山名曰北极天柜，海水北注焉。有神，九首人面鸟身，名曰九凤。又有神，衔蛇操蛇，其状虎首人身，四蹄长肘，名曰强良。

——《山海经·大荒北经》

大巫九凤

轻容

大婚前夜，九凤开心地试穿嫁衣，眼角眉梢都是春水般温良的笑。

“九凤，你真的要嫁给颛顼[1]？”

闺密青鸾在一旁吞吞吐吐，忧心忡忡：“你俩从小打架到大，你确定……真的喜欢他？”

其实她更想问的是：“你确定他真的喜欢你？”

楚地和空桑常有纠纷争斗，九凤和颛顼从小就是冤家，见面就打。怎么看颛顼也不像是喜欢九凤的样子。

可看到九凤那妩媚多情的脸，青鸾话到嘴边，硬是换了个说辞。

九凤笑盈盈地看她，满漾绯红的脸上都是自信：“当然

1　颛顼（zhuān xū），黄帝妻雷祖，生昌意。昌意降处若水，生韩流……取淖子曰阿女，生帝颛顼。——《山海经・海内经》

确定，我就是喜欢他，才老欺负他。想不到，这些年他竟和我是一个想法……真是……不是冤家不聚头……”

她捂着脸，含羞带俏的眼波一荡，青鸾就知道都白问了：她眼里的深情，已经满得就要溢出来。

青鸾还是觉得不大放心。

“你就不担心……”

忍了又忍，她还是问出了口。

“担心什么？我是楚地九凤，巫族十二首之一，他空桑不比我强，能拿我怎么样？行了，别用你一个脑袋，操我们九个脑袋的心。”

九凤脱下嫁衣，摇身一晃，恢复九头人面鸟原形，懒洋洋地往绣榻一横，光灿华丽的长翎顿时铺满整张床榻。

她把翅膀一张，盖住九张脸，笑道：“明天我就大婚了，别扫兴啦！”

青鸾叹了口气，再看一眼九凤——或许九个脑袋真的比一个脑袋聪明机灵，是自己想太多了——转身出了门。

第二天，楚地千里红装，送九凤嫁入了空桑，嫁给空桑少主颛顼。

从那天起，青鸾很久都没见过九凤。

只听说那天夜里，兵刀起，乱军攻楚，却是颛顼借着大婚之名攻打九凤的家乡楚地。

九凤得知真相后与颛顼在洞房拔刀相向，最后夺门而去，生死不明。

这一战，总归是逆转了空桑弱于楚地的局势。

后来过了很多年，青鸾在飞越大荒，路过北极天柜时，突然被一个虎首人身、自称强良[2]的神人请到山里，说有故人遣他来邀她一叙。

这故人，竟然就是九凤。

她已经不再是以前天真无邪的打扮，也不再爱吃甜蜜的点心，喜欢喝的酒也从清甜的桃花酿变成了极地最烈的烧刀子。

青鸾看着穿沉郁华服的九凤，总觉得两人因为岁月有了不少隔阂。

酒到一半，九凤有个脑袋忽然喃喃自语："听说……他又……娶亲了？"

没等青鸾回答，另外一个脑袋忽地就痛骂出声："呸！提他做什么？晦气！要不是为了我楚地的百姓，我早就……早就……"

2　强良：大荒之中，有山名曰北极天柜……有神，衔蛇操蛇，其状虎首人身，四蹄长肘，名曰强良。——《山海经 · 大荒北经》

贺鹏飞　《幻山海——强良》

楚地和空桑已经议和，她确实不能怎么样。

左首又一个脑袋开始流泪：“算了算了，喝酒，喝酒……”

也许确实是喝多了，九凤开始说胡话，九个脑袋齐齐地撒娇般横在案上，意见纷纭，九嘴九舌。

有叫骂渣男的。

有号啕大哭朝青鸾衣服上蹭眼泪鼻涕的。

有沉默灌酒的，还有怔怔发呆的。

青鸾这才觉得九凤似乎还是以前那个闺密。

她莫名地心疼，轻声说道：“九凤，你可是楚地的大巫九凤啊，不要这样了。”

九凤九个脑袋忽地就齐齐流泪了，只喃喃说道：“想不到我九个脑袋，都算计不过一个渣男。情这种事，我不会信了，不会再信了……”

说完，她趴在酒桌上，睡死过去。

青鸾像孩童时一样轻拍她的肩膀，叹息：“一个人在这里，一定很寂寞吧？”

九凤没有回答，也不知道听到没有。

第二天一大早，九凤把青鸾塞进一辆云车赶她离开，边赶边骂：“别用你一个脑袋，替九个脑袋的操心了！我可是有九个脑袋的九凤，打麻将都能凑个两桌有余！你在这里絮絮叨叨的，老让我想起陈芝麻烂谷子的旧事，实在是聒噪又烦人，赶快走！赶快走！”

青鸾看了看满车的北极天柜特产，又看了看九凤飞扬的眼角中一闪而过的晶莹泪光，仓皇离开，只在心里默默念一句：九凤，多保重。

她不敢说出心底的难过，毕竟她发现，九个脑袋的九凤其实比一个脑袋的她更加难过。

后来她再也没见过九凤，只听说她一直住在大荒的北极天柜，疾恶如仇，性子时暴时善，却始终庇佑着楚地的一方百姓。

光山，其上多碧，其下多水。神计蒙处之，其状人身而龙首，恒游于漳渊，出入必有飘风暴雨。

——《山海经·中山经》

计蒙

赵世博

风清云朗的天气，突然一阵暴风骤雨，在漳河的河面上卷起层层巨浪。风雨乍来乍去，转瞬之间，又是云开日出。仿佛有异常闪耀的光芒刺破了正在退却的乌云，刹那间将其蒸发殆尽。一道祥云缓缓降下，方才那耀眼的光芒，便是从这祥云中发出。

祥云触到漳河岸边高耸陡峭的崖壁，倏尔散去，现出三位神祇，他们之间相隔数丈，分主次立于崖壁之上，站在中间主位的神祇形状与人无异，一身白衣，俊朗飘逸，神态安详，却不怒自威。他左边的神祇形状如人，但周身青灰色，长着一层薄薄的鳞片，一对黛色的眼睛，两个金色的瞳仁。他右边的神祇，看似一个英武伟岸的男子，却长着一条虎尾，脸上总是挂着笑意。三位神祇的身上都散发着光芒，只是中间那位白衣神祇的光芒更加耀眼，如同日月。

过了许久，平静的漳河水面有了微微波动，似暗流涌动，微波渐强，慢慢形成一个漩涡，漩涡越转越快，抽起河水，好似龙卷风。突然，从“龙卷”中心跃出了一位神祇，他高高腾空，“龙卷”顿时失去了动力，顷刻坍坠于水面。

这个神祇人身而龙首，高大威猛，有一种极强的威势，使人不敢正视，他就是光山的神祇计蒙。计蒙是由龙族修行成神，所以出入自带风雨。虽然被封在光山，他却喜欢漳河，常来这处深渊游玩。今日在渊底玩得尽兴，正要回山，跃出水面时，却见到三位大神立在崖上，似乎是在等他。那个站在中间的白衣神祇便是白帝少昊，执掌日月光明，天界的巨擘。站在他右边的，是吉神泰逢；站在他左边的，是衰神耕父。两人的职能正相反，泰逢出现在哪里，哪里便会兴盛，而耕父出现在哪里，哪里便会衰败。自从鸿蒙之战结束后，他就没见过他们三个了。

“见过白帝。”计蒙朝白帝少昊略拱拱手，又对泰逢、耕父微微颔首。

“一别数万年，战神的威风丝毫未减。”少昊微笑。

“哪还有什么战神，只是个喜水的野神罢了。”计蒙

郑军健 《夸父逐日》

贺鹏飞　《幻山海——夸父》

冷笑。

“在地府幽闭几万年，当年那些叛神又开始蠢蠢欲动，频繁侵扰鬼门关，多有逃出地府者。天帝有意请战神重新披挂，镇守鬼门关。闲散几万年，战神想必也闷了，正好出山舒展一下拳脚。”少昊说。

“多谢天帝美意，我很喜欢现在的逍遥日子，再过几万年也不会闷，天帝日理万机，就不必为我操心了。”计蒙说。

“天帝的只言片语皆为诏命，众神皆是天帝臣子，不听号令，便是抗旨了。”少昊说。

“天帝当年请我助他定鼎天界的时候，可没有这么大的架子。我即便抗旨，又怎样？”他说着腾空而起，与少昊对视片刻，方才驾云而去。

回光山的途中，计蒙不自觉想起几万年前的那场鸿蒙之战。那时天地混沌，上古诸神各霸一方，征伐不休，天帝也是其中之一，他想开创一个众生平等的世界。众生平等的理念触动了计蒙，于是他披挂龙鳞甲，手持龙牙刀，助天帝统一了诸天，创立了三界，将反对天帝的上古诸神，统统关进了冥界。但新的世界并没实现众生平等。他心灰意冷，丢下了战神的封号，在光山，做了一位优游神祇。

他远远望见光山上有紫气升腾，必是有天神到了，他猜又是与少昊一样，是劝他出山的。可等回到山上，却见是两个女子，年长的他认识，是帝女瑛，两人是故交。三界分明之后，听说她与一个姊妹住在洞庭山，前些年，又听说她恋上了一个凡间男子，犯了天条，为避天界惩罚，与那男子藏匿到了人间。她如今突然来了光山，很让他意外。而她身后那个年轻女子，不论是相貌还是风姿，都不在她之下，却不像神，倒与人更相似。

“几万年不见，战神计蒙威武如旧。”瑛对他绽开了一个笑容，相比几万年前，虽然眉宇间多了些沧桑，但笑容仍然动人。

“那些陈年旧事，快不要提起了。”他大手一挥，爽朗地笑了。

“那好，计蒙哥哥。”这是几万年前，她对他的称呼。

“帝女瑛来访，可是有事？有事便直说，你我不需要寒暄。”计蒙一贯这样直率。

“一百年前，我用夸父山[1]的桃花蕊和洞庭山的醴泉水，酿了一坛桃花酒，今日到了开坛的日子。我想三界之

---

1 夸父山：其木多棕，多竹箭，其兽多㸲（zuò）牛、羬（qián）羊，其鸟多鷩（bì），其阳多玉，其阴多铁。其北有林焉，名曰桃林，是广员三百里，其中多马……丰山……神耕父处之，常游清泠之渊，出入有光，见则其国为败。——《山海经·中山经》

中，除了计蒙哥哥，谁也不配喝它，索性便来了光山，与你饮酒叙旧。”瑛说着闪身，露出了身后的那坛酒。

“甚好，我也几百年没喝过好酒了。这是哪位仙子？身体可有不适？”计蒙高兴之余，又忍不住道出了心中的疑惑。瑛身后的那个女子一直低着头，满脸绯红，局促不安。

“这是小女姚姬，并没有不适。她虽是个女孩，却喜欢听诸神斗战的故事，我常对她讲你的辉煌事迹，她钦佩得不得了，今日终于见到真神，害羞了。快向大神问好。”瑛笑着说，拽着姚姬的胳膊，将她拉到了自己的身边。

“见过计蒙大神。”姚姬低头给他行了个礼，脸一直红到耳根，随即又躲到了瑛身后。

看着这个天真烂漫的小姑娘，计蒙很是尴尬，忙自嘲道：“哪里有什么辉煌事迹，休听你母亲哄你。”

瑛带来的桃花酒果然是难得的好酒，开坛之后，酒香飘散，醉倒了半山的飞禽走兽。酒一入口，计蒙只觉神飞意畅，妙不可言。姚姬恭顺地在一旁为他俩斟酒。喝到高兴时，瑛让姚姬唱一曲助兴。她也不扭捏，大方地唱了一支天乐，她那天籁之音惊呆了计蒙，这是神女都没有的歌喉，不敢相信竟然出于一个半神女子。

他和瑛说起过去，说起他们畅想的那个众生平等的世界，五味杂陈。他们一直喝到夜里，他竟然醉了，醉得不省人事。而将他从宿醉中唤醒的，是姚姬的哭声。

计蒙睁开眼，看到姚姬伏在瑛的身上恸哭，而瑛的身体已经渐趋透明。天神与人最大的不同，是神没有魂魄与身体的区分，而是合二为一，所以当天神死去，身体会渐趋透明，或者化为灵兽、草木，或者归于宇宙尘埃。可天神都是不朽之身，不受外力伤害，是长生不死的。而昨天，瑛分明没有一丝损伤，怎么会突然死了？他见瑛的手里握着一块绢帛，便将绢帛从她手中抽出，摊开来看，上面写的是天书，大意是：她与凡人成婚，犯下天规，丈夫死于天界的追杀。她早已生无可恋，但希望姚姬能活下去，于是下符咒，使得天眼无法发现她们母女，东躲西藏了十几年，但姚姬逐渐长大成人，前日有了月事，符咒从此失效，她们已经被天界发现，难逃追杀。她早已想到，到了这一天，只有能撼动天地的大神才能保护姚姬，便想到了他。所以她在姚姬小时候就对她讲述他的事迹，让她崇拜，只为到了这一天，将她托付给他。三界中，只有他能保护姚姬，也只有他愿意保护姚姬，因为他们曾有众生平等的誓愿。倘若她活着求他，他可能不会答应，所以便以死相托，让他无法拒绝。

泰逢

和山……

吉神泰逢司之，其状如人而虎尾，是好居于萯山之阳，出入有光。

泰逢神动天地气也。

贺鹏飞 《幻山海——泰逢》

瑛是自我了断的。

看了瑛的遗书，计蒙又怒又惊，怒的是她蓄意算计他，惊的是为了女儿，她竟然能以死相托。此时瑛的身体已经化入虚空，看着伏在地上哭得伤心欲绝的姚姬，他束手无策，不要说未来该如何对她他不知道，连此刻该对她说些什么，他也不知道。正在他无计可施的时候，一片乌云飘到了山顶，几道雷电闪过，从云中落下数个怪神，周身上下盘绕着蛇，双手也各握着一条蛇。不知是其中哪个说道："奉天命，取罪女姚姬性命，快来受死。"

姚姬已经哭得力不可支，现在又受到如此惊吓，便瘫坐在地上，面色惨白。见她被吓成这样，计蒙大怒，瞪视着那些怪神，喝道："哪里的爬虫，敢来光山撒野，快滚，滚得慢了，我剥了你们的皮！"

这些怪神大概是成神的年月不久，不认得计蒙，不但不怕，反而横眉立目说道："大胆野神，我们是奉天规行事，你可知道，触犯天规是什么结果？"

计蒙冷笑道："我随天帝订立天规的时候，你们这些爬虫还在吃蟾蜍。这么狂妄腌臜的畜生，也配做神？"说着一挥袍袖，卷起一股飓风，将这群怪神裹挟进去，飓风在空中消散，这些怪神也随之无影无踪了。他回身扶起了姚姬，对她说："不要怕，只要有我在，便没人能伤你分毫。"

计蒙将姚姬带到了夸父山。这座山风光秀丽，尤其山的北面，有一片方圆三百里的桃林，一年四季，每个季节都有不同的桃树开花。有湖水从林中发源，有很多骏马在林中奔驰，微风拂过，落花漫天，美不胜收。姚姬一来，就爱上了这里，在如雨的落花中欢快奔跑，不时回眸望他，每一次回眸，都触动一次他的心。

"大神是如何知道这样美的所在？真是了不起。"她跑回他身边，笑着说，双手捧在身前接落花。

"这片桃林是夸父的手杖所化，不只美，还能遮蔽天眼，可算是不受天界监督的世外桃源。在三界未定的时候，我和你母亲常来这里，在林中畅谈。"他说。

"谈些什么？"她问。

"谈众生平等，谈未来的世界，无等级，无倾轧，无优劣。谁知道打破了旧等级，又树立了新等级，我们盼望的不过是镜花水月，就算全力以赴，最后也只是一场空。"他望着虚空出神，忍不住想起了过去。

"怎么会是一场空？战神计蒙的事迹，会永远被三界传颂。"姚姬目光灼灼，仿佛她是那些事迹的亲历者。

"不过是虚名，毫无意义。我和你母亲同样不服这天规，

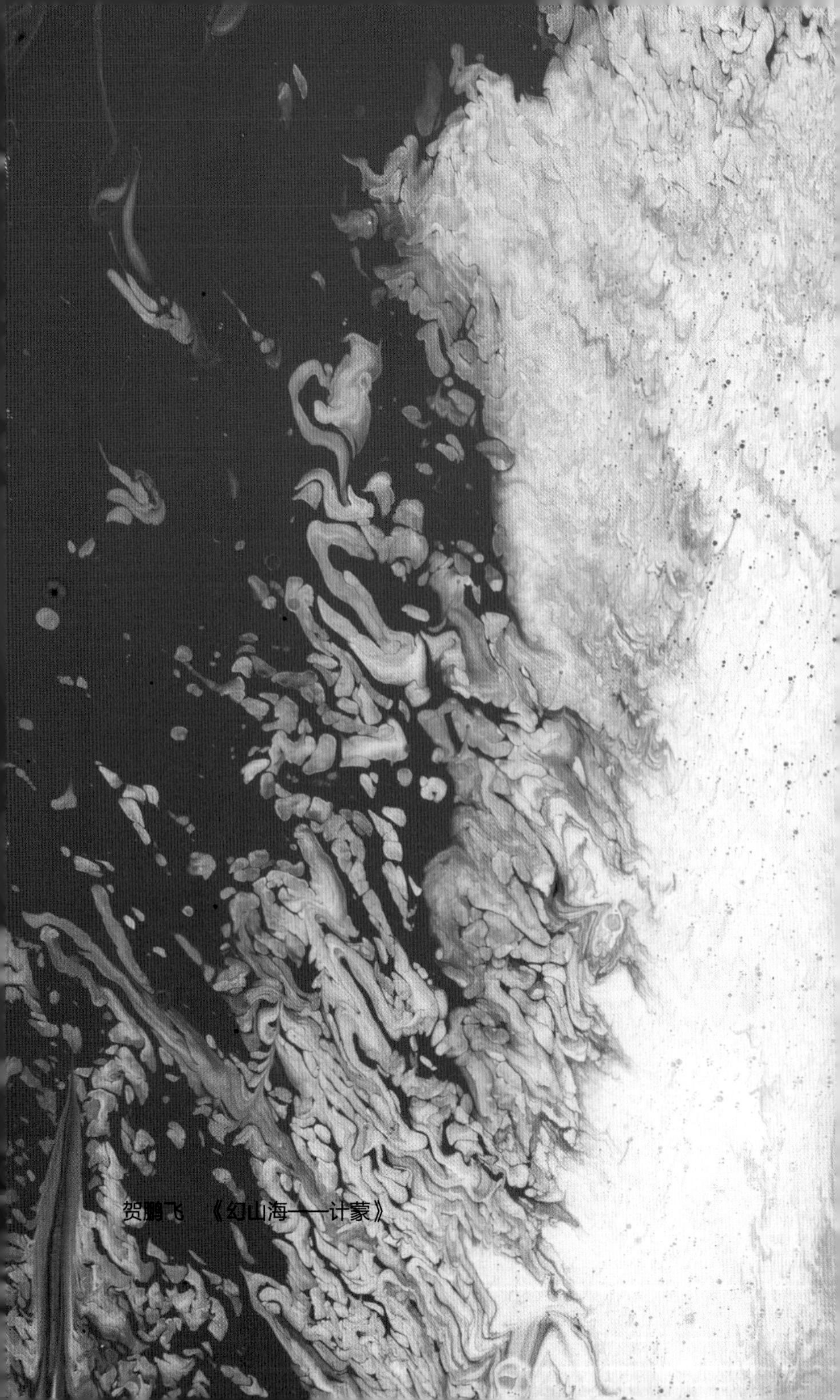

贺鹏飞 《幻山海——计蒙》

我只是躲开了，倒是你母亲，到死都在抵牾天规。”他叹了口气。

“我一直想不通，天规为何不准天神与凡人成婚？”提到母亲，姚姬脸上的笑容隐没了。

“因为三界等级不同，天界认为凡人性情轻浮善变，无恒心，与凡人成婚，会损害神性，长此以往，会破坏天界至高无上的地位。”他说。

“都是胡言，谁说人无恒心？我若心有所属，便终生不移。”姚姬这样说，却牢牢地盯着他，眼神充满笃定。

计蒙带着姚姬在夸父山的桃林安顿了下来。她虽然只有一半天神血统，但早已经和母亲学习了辟谷之术，平日餐风饮露，只偶尔食用一些花蜜鲜果，已是不食人间烟火了。她在林中住得怡然自得，每日忙碌，或采桃花蕊酿酒，或在湖水中浣纱，或与草木谈天。她天生禀赋，可解花语，与林中花草竟有说不完的话。

但姚姬无论做什么，都不会离开计蒙的视线，对他的起居也照顾得无微不至。他不习惯有人伺候，可一旦拒绝，姚姬就会郁郁不乐。她还会问一些他过去的事迹，向他求证真相与传说的出入。他本不喜提这些往事，可见她听得这样入迷，渐渐便也不再回避，对她知无不言。她做任何事，不论大小，都要征询他的意见，百依百顺。唯独他要教她防身的法术，她断然拒绝。

“在大神身边，我会法术做什么？若大神想赶我走，我活着也无趣了，会法术也无用。四海九域，大神想去哪里，我都愿意追随。”姚姬说着，满眼噙泪，计蒙也就不好再坚持了。

计蒙与姚姬在桃林住到半年，她酿的桃花酒开坛了。姚姬很欢喜，对他说：“我母亲说过，要有桃花酒，才算有家，我们有家了。”

他也笑了，有家，很好。只是他们的家，存在的时间太过短暂。刚饮罢桃花酒，天边缓缓地飘来了朵朵祥云，映得漫天彩霞。

“大神看，好美！”姚姬指着天，惊喜地笑着，但他却笑不出来。

“他们找来了。”他说。

“谁？”她问。

“天神。”他说。

“这片桃林不是能遮蔽天眼吗，他们如何能找到我们？”她陡然慌了起来。

“这里不是秘密，四海九域都找不到，自然知道我们就在这里了。”他神色自如。

炽烈的光芒在桃林之上曝开，如同太阳坠落，他一把将姚姬揽在怀中。光芒过后，三位神祇出现在林中，分主次站定，主位是白帝少昊，左右为耕父与泰逢[2]。空中仍有祥云飘浮，云中都是待命的神祇，今日的夸父山，或许会成为几万年来三界最大的战场。

计蒙脚下升起龙卷风，风过后，他已披挂了龙鳞甲胄，手持龙牙刀，远古的杀气弥漫开来，树木枝叶沙沙作响，仿佛在瑟瑟发抖。

“战神为何阻挠天界捉拿帝女瑛之女？”少昊问。

“没缘由，只是想保她一生无忧。”他说。

“你要如何保她一生？她虽有天神血统，但天界仍然视她为凡人，若是与她通婚，也仍是天条中的不可赦之罪。”少昊说。

“你用天条压我？那好，诸天神听好了，我今日便娶姚姬为妻，我立誓保我妻子一生无忧。”说着，低头问怀里的姚姬：“你可愿意嫁我？”

姚姬已泪流满面，但却毫无惧色，重重点头说道：“姚

2　泰逢：和山……吉神泰逢司之，其状如人而虎尾，是好居于萯（bèi）山之阳，出入有光。泰逢神动天地气也。——《山海经·中山经》

姬万死无悔。”

“你们听到了？”他高声说：“天条我犯了，哪个想治我的罪，尽管来！”

少昊双肩微微一颤，双臂便闪出利刃一般的光芒，随即这样的光芒也在他身后的耕父、泰逢臂上闪现，头顶的祥云也被一道道光芒刺破。

“即便你是天界第一战神，也敌不过诸神。”少昊说。

“作战无必胜，只有无畏惧。拼我一命，不将天界毁了，我便枉称战神。”他说着，突然狂风大作，天空瞬间阴沉，遮天蔽日。

这时，空中传来一个极其威严的声音：“计蒙，难道你想亲手毁掉你开创的世界？”

是天帝的声音。

计蒙对着空中高声说：“当年是为了开创一个众生平等的世界，如今天界蔑视众生，保留这世界又有何意义？”

“凡人性情轻浮，无恒心，若是放任天神与凡人通婚，凡人多生异心，遭背叛的天神必定心生怨怼，到时天界的清明何在？”天帝说道。

“凡人虽然被肉身禁锢，但心性清明，与天神一般。我父亲当年至死不悔，我也一样。”姚姬对着空中大喊。

韩绍先 《山海无界》

韩绍先 《山海之间》

“一时激情共死并不难，难的是持之以恒，坚定不移。”天帝说道。

“天帝若能开恩，姚姬定能向天地证明。”姚姬说着跪了下去。

“计蒙，你敢信她？”天帝问。

“深信不疑。”他说。

“好，那朕便给你们个机会。现立一道法咒，计蒙将心剖出，交与姚姬守护，你去镇守鬼门关百年。百年间，她不得离开这片桃林半步，一旦离开，你的心便会化为顽石，你也会立即殒命，万劫不复。她若能在这片桃林中守护你的心满百年，朕便废了这条天规，允许天神与凡人通婚。”天帝此言一出，震撼了在场的众天神。

“你愿意吗，承受百年的孤独？”他问姚姬。

“我愿意，守着你的心，千年万年也愿意。”她毫不迟疑。

计蒙与她对望，会心一笑。

这时从空中落下一只玉匣和一把匕首。计蒙捡起匕首，刺进自己的胸膛，姚姬一声惊叫，忙将玉匣捧在胸前。计蒙紧握匕首，剖开自己的胸膛，亲手取出心脏，放进了玉匣。姚姬双手颤抖，却镇静地说：“我从今日起便开始酿桃花酒，百年后开坛，迎夫君归来。”

“好。”计蒙只说了这一个字，空中再次曝出炽烈的光芒。光芒过后，桃林重归寂静，只剩下了姚姬一人。她站起身，将玉匣绑在背上，便去捻桃花蕊酿酒了。

时光荏苒，流转不息，不知从哪一年开始，在夸父山的桃林中，有奇异的酒香溢出。那些新晋升入天界的神祇也已不知，曾有一条天规，是不许天神与凡人通婚的。

西北海之外，赤水之北，有章尾山。有神，人面蛇身而赤，直目正乘。其瞑乃晦，其视乃明。不食不寝不息，风雨是谒。是烛九阴，是谓烛龙。

——《山海经·大荒北经》

烛龙

方如梦

母亲常对我说，我是神女，不能轻易许愿，若许则必应。

阿武不相信，笑说若是此话灵验，我何不赶紧许愿嫁给他？

我很恼火阿武这般态度，便大声说："那我就许愿永远都不要嫁给你！"

阿武白了脸，盯着我看了半天，跺了跺脚走了。

我心中懊恼得很。

跟阿武从小一起玩到大，如果他不是这般不相信，我又何必说这些？除了母亲不同意我们两个人的婚事，整个章尾山有谁不知道我们两个以后一定会在一起。

阿武也说过，只要我们两个好好的，让母亲放心，母亲这么疼我，又怎会阻挠到底？

说起来这两年母亲的态度倒也缓和了不少，虽然嘴上依然不同意我跟阿武成亲，但是我跟阿武平时笑闹，她也只是睁一只眼闭一只眼，权当没看见。

阿武的父亲是猎户，阿武从小便跟着父亲在章尾山中打猎。时常会给我带回一些山里好玩的东西。可是阿武不让我进山，说山中凶险，有怪兽。

我不怕，我说自己可以许愿让怪兽不伤害我。此话恰好被母亲听见，她揪着我的辫子就将我往回拽，说神女发愿都是庄严神圣的事情，哪里能够随随便便胡说八道。

我吐了吐舌头。

从小到大，也不是没试过许愿，每每也不灵，我觉得母亲一定是在诳我。虽说她是村中祭司，言说必中，但是神女这个说法总也太过玄虚。我自觉除了眉心有一点红痣，饭量大一点以外，跟章尾山的其他姑娘们没什么不同。我想找阿武去道歉，毕竟他想娶我，我也乐意嫁给他，刚才的那些话只是一时跟他拧着干，当不得真。

阿武不在家，估计是一气之下进山去了。

阿武的父亲有些慌张，进山前要祭神，阿武这般匆忙，也不知道该做的都做了没。

我趁阿武父亲心神不定没留意时，便也溜进山里。

章尾山今天天气不好，乌云笼罩，怕是要下雨。

我闭着眼睛试着许愿，但愿不要下雨。

然而愿还没许完，雨丝就飘到了脸上。

要是阿武能看到此情此景，估计就没那么在意和生气了，毕竟神女这种事情，也就是母亲自己说说罢了。

此番山雨与别时不同，顷刻间就大雨瓢泼，来势汹汹，明明是下午，却也黑得如同夜晚一般。

我很少进山，心里害怕得很。

巨大的吼叫声突然从头顶传来，吓得我脚一滑，差点从山路上掉下去。

抬头看，山顶上一个怪兽长得跟一头牛一样大，浑身上下的毛如刺猬一样奓开。

它见我看它，突然间就纵身往下一跳。

我哆哆嗦嗦地挪不开脚步，千不该万不该，不该自己一个人进山。

只听怪兽又是一声大吼，一支长矛不知道什么时候深深插在了怪兽身上，受伤的怪兽仓皇而逃，而我的阿武如同天神一样威风凛凛地站在那里。

我就知道阿武会来救我。从小到大，一直如此。

然而这场雨却越下越大，暴雨不停，终于酿成了山洪，眼见半个村子消失在汹涌的洪水中，人的哭声和牲畜的叫

贺鹏飞 《烛龙》

声嘈杂地交织在一起，又全部旋转着消失在水面。房屋、庄稼、树木被连根拔起，衣服家具被水拉扯着一起奔腾。在低处浑浊的水面上，在水流的咆哮中，数不清的人的尸体和猪羊鸡鸭的尸体纠缠在一起顺水漂流。

侥幸逃脱的村民们虚弱不堪，都挤在祭坛旁哭哭啼啼，要母亲帮忙祭祀。

有人说山洪前看见我与阿武进山，两人皆两手空空，没有带任何祭品，说不定是得罪了山神。

又有人说，当时山间传来两声惊天动地的吼声，闹不好是阿武弄伤了山神。

还有人说，我身为神女，却跟阿武一起伤了山中神兽，上天不满故而降此大难。

暴雨连绵，已经下了一个月。

尚未被冲走的半个村子里天天都充斥着伤病所带来的呻吟和死亡所带来的恶臭。村里剩下的粮食已经快吃光了，村民们顾不上水中腐烂的尸体，开始在水中打捞一切可吃的食物充饥。

村民看我与阿武的眼神越来越憎恨嫌恶。

母亲不让我出门。

阿武却也不让我出门。

我问阿武，到底怎么了？阿武顿时红了眼眶别过头去。

其实就算阿武不说，我也能知道。毕竟门口聚集的村民越来越多，用神女的心祭祀以平天怒的吼声，我能听见。

我看看天，还是阴沉沉地下着雨，跟天漏了个窟窿一样，门外喊声也越来越大。再这么下去，怕是母亲也救不了我。

我每天很诚恳地许愿，让雨赶紧停了。

不是说神女的愿望许则必验吗？

雨到底是停了。

雨停的那一刻，我还在许愿。这一次，是不是我的愿望终于灵验了？

村民纷纷涌向祭坛，欢呼声响成一片。

是母亲在祭祀吗？我须得去看看。

在祭坛旁，欢呼的村民不知道为什么看见我之后安静了下来，眼神怪异，鸦雀无声。

我有些害怕。

我害怕的时候，阿武在哪里？他怎么不出来保护我？

祭坛之上，血流成一片。阿武躺在白色茅草上，心口被挖开，心脏被放在祭坛中央，母亲手中的刀犹自滴着血。

母亲说，此番天降大灾，须得血祭。本来村民要我，可阿武说，那日得罪山神的人是他，用他来祭祀足以平天怒，不需要用神女。

母亲看我的眼神既疼惜又无奈。

我走上祭坛，阿武红色的鲜血渐渐地染满全身。

母亲伸手本想拦我，却无端停了下来。

额头那颗红痣没来由地开始疼痛。

躺在这里的人，原本应该是我，阿武为了保护我，自己站了出来。

伸手握住祭坛中央阿武的心脏，这心脏还是那么温暖。

母亲说，阿武舍不得离开我，他的魂魄一定会在这章尾山中游荡。

可是天那么黑，路那么滑，我的阿武要是看不清路摔跤了该怎么办？

村民的惊叫声和呐喊声似乎慢慢消失了。

心脏在手心似乎还在微微跳动，眉心红痣在额头上慢慢裂开、消失，变成一个空洞。

我的阿武，让我的胸口温暖你的心，两颗心在一起跳动，从此就再也没人能将你我分开。我张嘴，嘴巴不再像人类，大得足以吞下这心脏。

眉心空洞慢慢地开始变化，有了光芒，变成一只眼睛，而我沾满了鲜血的身躯也开始慢慢地化成蛇。

我是神女。

我若许愿，有愿必应。

我的阿武，你因风雨替我祭天，那么从此就让这章尾山的风雨握在我掌中。从此以后，我不食，不寝，不息，用我眼中的光，照亮你在山间的路。

从此以后，章尾山再无血祭。

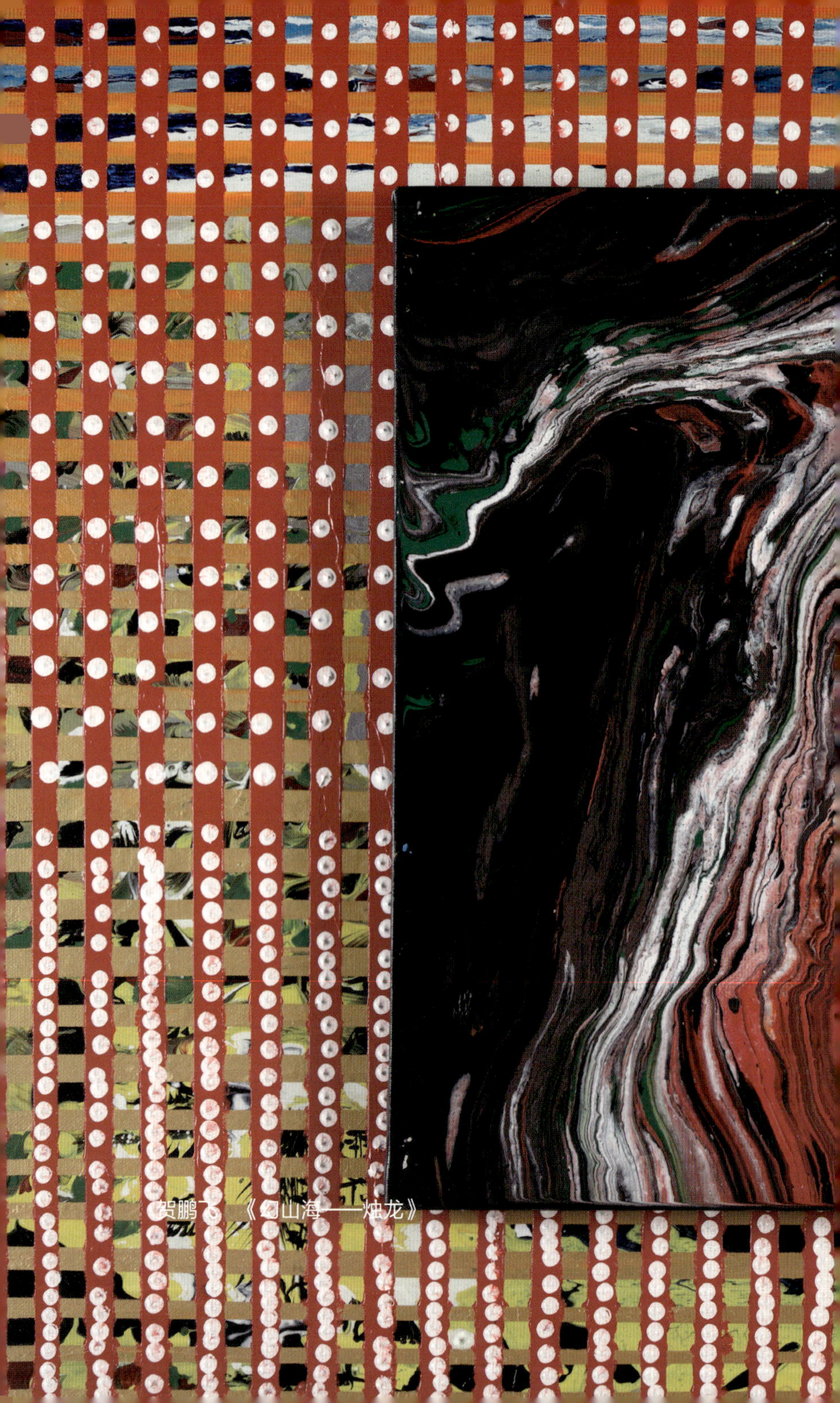

贺鹏飞　《幻山海——烛龙》

杻阳之山，其阳多赤金，其阴多白金。有兽焉，其状如马而白首，其文如虎而赤尾，其音如谣，其名曰鹿蜀，佩之宜子孙。

——《山海经·南山经》

鹿蜀

方如梦

鹿蜀[1]睁大双眼看着眼前的神女。

目光有些羞涩的神女赤脚站在空中薄薄的云气之上，随风轻轻摇动，仿佛随时会飞走。

鹿蜀在杻阳山上活了这么久，好看的神人来来往往地也见过不少，但是像眼前神女这般好看的却是第一次见，未免目瞪口呆，有些失态。

跟随神女一起来的山膏[2]估计是看不惯鹿蜀这副痴汉的模样，毫不客气地撒起泼，张嘴就骂，鹿蜀倒抽了一口冷气。

神女的脸红了，有些不满地轻轻碰了碰山膏，山膏转

---

1 鹿蜀：杻阳之山，其阳多赤金，其阴多白金。有兽焉，其状如马而白首，其文如虎而赤尾，其音如谣，其名曰鹿蜀，佩之宜子孙。——《山海经·南山经》

2 山膏：苦山。有兽焉，名曰山膏，其状如豚，赤如丹火，善詈（lì）。——《山海经·中山经》

旋龟

怪水出焉……

其中多玄龟，

其状如龟而鸟首虺尾，

其名曰旋龟，

其音如判木，

佩之不聋，

可以为底。

旋龜
山海經
又東三百七十裏
曰杻陽之山怪水
出焉而東流注于
憲翼之水其中多
玄龜其狀如龜
而鳥首虺尾其名曰
旋龜其音如判木
佩之不聾可以為底
庚子雪月圖山海經之旋龜

侯泓良 《旋龟》

猼訑

又东三百里，

曰基山……

有兽焉，

其状如羊，

九尾四耳，

其目在背，

其名曰猼訑，

佩之不畏。

头惊讶地看了看神女，又看了看鹿蜀，嘴巴闭了起来，一脸不高兴地把头埋进红如丹火的皮毛中，仿如一个火球。

神女于是开口了，声音清越，如杻阳山上流淌着的清泉：“你的歌声很好听啊，能不能再唱一首？”

鹿蜀有些不好意思地低下头。杻阳山上虽然常有神人来往，然而专门驻足听他唱歌的，眼前的神女还是第一位。

刚才他唱的什么来着？鹿蜀在害羞紧张之下有些记不清了。

于是神女轻轻地跺了跺脚，脚边的云雾泛起阵阵涟漪：“你若不唱，那我可要走了。”

山风吹过，神女身上的香味若有若无地飘进鹿蜀的鼻子中，鹿蜀睁大眼睛，长长的睫毛眨了眨，然而嘴里不知为何偏偏就是发不出声音来。

神女轻轻地叹了口气，风吹起来，衣袂飘飞，神女带着山膏慢慢飞了起来，直到消失在远处的群山之中。

不知何时，出现在身边的猼訑[3]也好奇地伸着脖子，朝神女消失的地方看了看，嘲笑鹿蜀：“你平时不是唱得挺带劲的，怎么见了神女吭哧吭哧半天哼不出一句来？这般好

3　猼訑：又东三百里，曰基山……有兽焉，其状如羊，九尾四耳，其目在背，其名曰猼訑，佩之不畏。——《山海经·南山经》

看的神女不常见，你好歹多唱两句让我们都看看她。”

鹿蜀看了看猼訑，叹息道：“旋龟[4]常说扒了你的皮披在身上就有勇气了，我见了神女胆怯，要不借你的皮用一用？”

猼訑抖了抖四只耳朵，用背上的眼睛瞪了鹿蜀一眼，甩着九条尾巴跳到一边：“你不要听那个老旋龟胡说八道，我还说剥了他的壳背在身上能治耳聋呢，你信不信？”

懒懒散散地趴在树上听了半天的类[5]站起身来，抖了抖身上的毛，用那雌雄难辨的声音叫了一声，笑了：“你们两个吵什么！鹿蜀平时吃了睡，醒了唱，逍遥自在何时胆怯过？我看八成是爱上那神女了故而害羞。鹿蜀啊，我来给你出个主意，你没事儿了就蹲在这山头扯着嗓子拼命号，神女说不定什么时候就又听见了。这一听之下，神女开心就收了你，从此你就跟那山膏一样，神女走到哪里你跟到哪里，我们到时候也能沾光，说咱们山上出了个神女之夫。”

猼訑大笑起来：“哎呀，神女好说，那山膏可是个不好惹的，咱们鹿蜀要是天天跟山膏混在一起，啧啧啧，我很

---

4 旋龟：怪水出焉……其中多玄龟，其状如龟而鸟首虺（huǐ）尾，其名曰旋龟，其音如判木，佩之不聋，可以为底。——《山海经·南山经》

5 类：亶爰（chán yuán）之山……有兽焉，其状如狸而有髦，其名曰类，自为牝牡，食者不妒。——《山海经·南山经》

类

亶爰之山……

有兽焉，

其状如狸而有髦，

其名曰类，

自为牝牡，

食者不妒。

鹿蜀

杻阳之山，
其阳多赤金，
其阴多白金。
有兽焉，
其状如马而白首，
其文如虎而赤尾，
其音如谣，
其名曰鹿蜀，
佩之宜子孙。

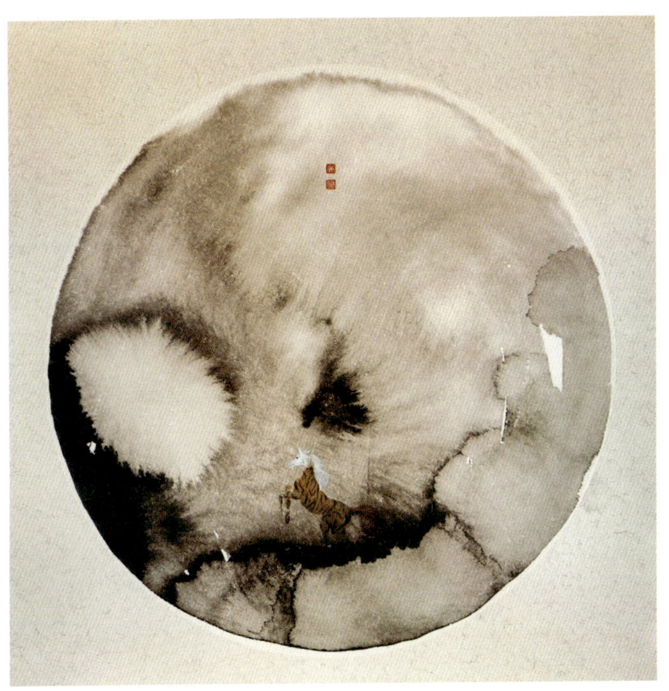

吴尚 《鹿蜀》

吴尚 《鯥》

替鹿蜀担忧啊！”

鹿蜀懒得跟他们两个斗嘴，看着山上薄雾，轻轻地叹了口气。

自从神女走了之后，虽然日子照常一天一天地过，然而鹿蜀心里面总时不时地想起那天的情形，神女身上飘来的香味也总是若有若无地在鼻端萦绕。

鹿蜀心神不定，吃不香，睡不稳。

心神不定的鹿蜀会在半夜中最烦恼的时候来到山顶唱歌。夜晚的山顶上覆盖着微微白露，鹿蜀的歌声悠扬，如霜如霰般轻轻地飘洒在杻阳山，引得山涧中的鯥[6]跳跃不止，类便也常常跑来趴在树上听，边听边用尾巴敲着树干打拍子，最后在树干上缩成一个毛球陷入沉睡中。

一天晚上，鹿蜀照旧轻轻地在山头唱着歌，除了鯥和类的声音之外，鹿蜀突然听见了一声叹息，这叹息声仿佛就在身后。

鹿蜀浑身一抖，闭上了嘴。

慢慢转身，神女赤着脚站在夜晚的露水之上，衣衫下摆微微飘动，似乎是刚来，又似乎要走。

---

6 鯥（lù）：柢山，有鱼焉，其状如牛，陵居，蛇尾有翼，其羽在魼（qū）下，其音如留牛，其名曰鯥，冬死而复生，食之无肿疾。——《山海经·南山经》

鹿蜀睁大眼睛，看着神女。

神女这次没有带山膏，看着鹿蜀，有些羞涩地微微一笑："鹿蜀的歌声轻易求不得，所以我只能偷听。"

鹿蜀低下头，脸涨得通红，喃喃地不知道说什么好。

神女却走近了鹿蜀，轻轻地碰了碰鹿蜀。

鹿蜀浑身一震，睁大眼睛看着神女。神女的手温暖柔软，碰在鹿蜀身上却像直触于心。鹿蜀忍不住深吸一口气，似乎要确认一下眼前到底是不是一场梦。

神女笑如清风，那魂牵梦绕的香味又弥散在鹿蜀周身。

神女凝视着鹿蜀，直看到鹿蜀的心中："鹿蜀，请你为我唱一首歌吧。明天我就要奉帝命去大荒极东之隅，此去一别，你的歌声我怕就再也没机会听了。如果……如果有可能的话，你愿不愿意跟我一起去？"

鹿蜀默默地看着神女，一时间心乱如麻，有无数句话想说。千言万语终于全部化作了歌声，山风吹着歌声，清越地缭绕在杻阳山上，山顶残月的光芒虽淡却暖，映照着鹿蜀和神女依偎在一起的身影。

猼訑早晨看见鹿蜀的时候，太阳正好升起，照在鹿蜀虎一样的斑纹上，明亮耀眼。鹿蜀正眺望着东边日出的群山，静默不语，仿佛昨夜做了一场梦，而他尚未从梦中醒

山膏

苦山。有兽焉，名曰山膏，其状如豚，赤如丹火，善詈。

鯥

柢山……

有鱼焉，

其状如牛，

陵居，

蛇尾有翼，

其羽在魼下，

其音如留牛，

其名曰鯥，

冬死而夏生，

食之无肿疾。

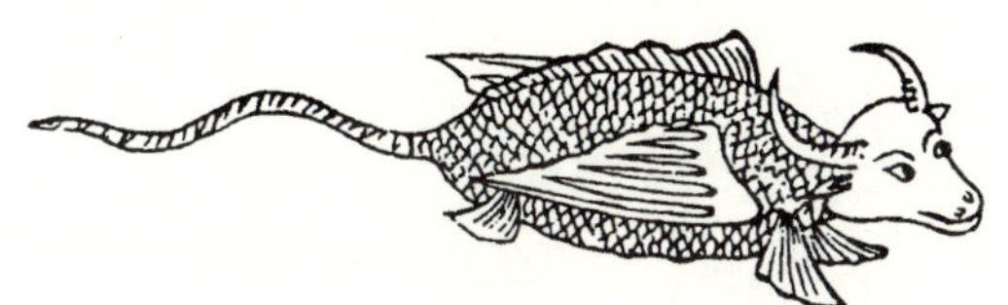

贺鹏飞 《幻山海——鹿蜀》

来一般。

猼訑拍了拍鹿蜀："我听类说，昨夜神女来找你了，你给她唱了一夜的歌。"

鹿蜀并没有回头，只是在朝阳中微微一笑。

猼訑犹豫了一下，难得正经地看着鹿蜀："你这么喜欢她，为何不跟着她去？"

鹿蜀轻轻吸了一口杻阳山晨间的薄雾，转头看了看猼訑："我若跟她一起去，朝夕除了她就是那山膏，怎比得上在这里跟你吵吵闹闹来得舒心自在！"

猼訑盯着鹿蜀看了一会儿，突然笑了："你这个胸无大志的鹿蜀，不随着神女去掌管日月运行，整天蹲在杻阳山做什么？生儿育女吗？"

鹿蜀便也微笑了："我原是俗物，哪里配与神女一起司掌日月？便在这故土山水中安稳度日，娶妻生子，呼朋唤友。开心时唱唱歌，不开心时跟你吵个架，这等生活便是神仙也难求。"

猼訑摇头叹息，却不小心一脚踩到了不知何时跑来的类，两个家伙又吵起来。在笑闹声中，鹿蜀抬头凝目看向极东的云雾。

山海小剧场·白泽

海内昆仑，众神之所在，天宫环立，焕若星辰。

九万年前，神界与妖族一战后，妖帝与其幼女青染殒命于荒泽，战神白泽被封帝君。

说起帝君白泽，最令人津津乐道的不是他的战绩，而是一桩风月案。

白泽生性无情无欲，却被妖界帝姬青染穷追不舍，在六界盛宴上直接闹到了天帝面前。彼时两界关系紧张，两人不得已定亲。

可是妖魔勾结肆虐，为天界所不容，白泽奉命斩妖帝于荒泽，帝姬青染也变成了六界的笑柄，最后在诸天阵法中与数万妖界生灵葬于荒泽。

只是近来白泽帝君不知从哪里得了一幅卷轴，回神界时神魂俱损，眉间还隐约现出血红印记。

众神本以为带回的是什么上古神器，却没想到画卷里是位不染铅华的青衣美人。

三万年也不过弹指一挥间，这画吸收了日月光华，又时时得帝君神眷照拂，终于修得精魂化形成妖，白泽竟不知这寒渡殿除了自己还有一位画中妖。

这夜，九重天寂寂无声，天河有几盏夜明灯浮沉不定，有一盏从云海边流落到寒渡殿。

画中青衣乌发的美人走了出来，抬手接住了这长夜里的神灯，就好像是接住了一朵开在掌间的花。

青衣女妖走近案前，手指拂过案几上摆放的七弦琴，琴弦拨动了三两下，缥缈灵动的琴音传出。

她日日聆听白泽抚琴，竟开始模仿他，断断续续地拨弦，尽管第一次弹，却好似一点就通。

“是……你……”

画妖本来很投入，惊闻身后这低沉好听的声音，心胆俱裂地转过身，却差点没把自己给绊倒。

她倒是没什么事，不过案几上的琴却掉落在地上，发出嗡嗡的声响。

白泽站在她身后，一双眸子里集聚着细碎浮光，流离在眼角眉梢，轻轻散落在她周身。

这画妖本来站在角落里，见白泽似要走近，她慌不择路地直接遁进画里。

白泽疏朗的长眉微蹙。画里的妖精抱着琴侧转过身，生怕与他对视。

“出来！”白泽神情冷到了极致，殿内只有他的言语，字字如冷玉坠地。

画妖有点可怜地转过来说：“帝君，小妖不是故意跑出来的，您就饶了我吧！”

白泽只深深地看了她一眼，她竟是……什
么都不记得了，他轻轻合上眼，掩下一丝红芒。

再睁开眼，瞧见她这副惊恐姿态，白泽不禁也觉得刚刚过于严厉，这才缓和了脸色，却没起到什么效果，他那惯常冷若冰霜的气质就像是昆仑山终年不化的皑雪。

“你可有名字？”

画妖摇头。

“……青……染。”许久，白泽低低地念了一遍，“这是你的名字。”

青染

以上古神卷塑形，以一缕精魂作引，画中美人一笔一笔按照记忆中描摹，由此心魔顿生。

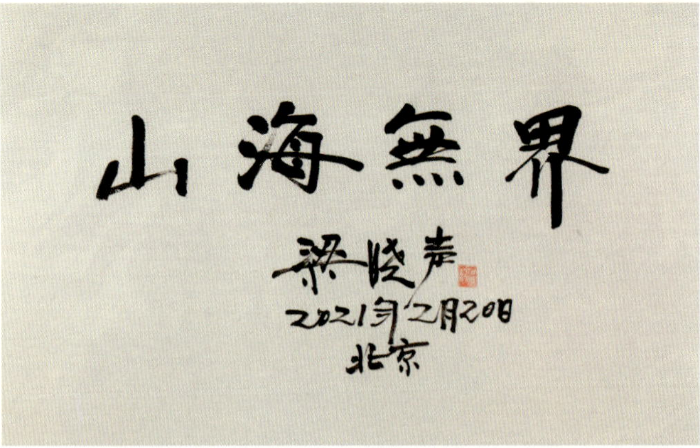

山海無界

梁晓声

2021年2月20日

北京

为山海立传
集异事成经

梁晓声
2021年2月于北京

图书在版编目（CIP）数据

白泽 / 奈目工作室著绘. -- 北京：北京联合出版公司，2022.1

（山海无界）

ISBN 978-7-5596-5091-7

Ⅰ. ①白… Ⅱ. ①奈… Ⅲ. ①历史地理－中国－古代 ②《山海经》－通俗读物 Ⅳ. ① K928.631-49

中国版本图书馆 CIP 数据核字（2021）第 100280 号

山海无界：白　泽

作　　者：奈目工作室
出 品 人：赵红仕
责任编辑：牛炜征
特约编辑：刘文莉　苏雪莹
封面设计：鹏飞艺术

北京联合出版公司出版
（北京市西城区德外大街 83 号楼 9 层　100088）
天津丰富彩艺印刷有限公司印刷　新华书店经销
字数 131 千字　889 毫米 ×1194 毫米　1/32　8 印张
2022 年 1 月第 1 版　2022 年 1 月第 1 次印刷
ISBN 978-7-5596-5091-7
定价：58.80 元
